NHKはなぜ幸福実現党の報道をしないのか

受信料が取れない国営放送の偏向

守護霊インタヴュー!

石田研一 放送総局長
&
森永公紀 報道局長

大川隆法
RYUHO OKAWA

本霊言は、2012年9月19日（写真上・下）、幸福の科学総合本部にて、
質問者との対話形式で公開収録された。

まえがき

退屈、無為、無策。すべてＮＨＫの印象である。ヘマをしないことを唯一の取り柄とする自称「優等生」の集まりである。

たまには「国益」でも考えてはどうか。月に一度ぐらいは、自分たちの自慢話をするかわりに、「日本の未来をどうするか」を真剣に考えてはどうか。例えば、巨大ＵＦＯがＮＨＫの前で空中静止したとする。自分たちの頭がおかしいと疑われるのが怖《こわ》くて、一週間会議をしてから写真一枚見せて、十秒間原稿を読み上げる。これが国民の眼に映っているＮＨＫの等身大の姿である。

私もＮＨＫの受信料を一割ぐらいは減らせる圧力団体を率いている者として、「ＮＨＫの偏向報道だけは、どうしても許せない。」という会員諸氏の声が全国から届いていることをお伝えしておく。「信仰を持つ者は、日本国民としてカウントしない。」とは、日本国憲法のどこを読んでも書いてない。

「国難」の今、もう少し、素直で、柔軟で、正直であってもよいのではないか。なぜ中国の反日デモを、「国策による犯罪的暴力行為」と断定しないのか。あえて本書を世に問うゆえんの一例である。

二〇一二年　九月二十一日

幸福《こうふく》の科学《かがく》グループ創始者兼総裁《そうししゃけんそうさい》　大川隆法《おおかわりゅうほう》

ＮＨＫはなぜ幸福実現党の報道をしないのか　目次

第1章　NHK放送総局長・石田研一《いしだけんいち》氏守護霊《しゅごれい》インタヴュー

二〇一二年九月十九日　収録
東京都・幸福の科学総合本部にて

第2章　ＮＨＫ報道局長・森永公紀《もりながこうき》氏守護霊インタヴュー

二〇一二年九月十九日　収録
東京都・幸福の科学総合本部にて

「霊言現象《れいげんげんしょう》」とは、あの世の霊存在の言葉を語り下ろす現象のことをいう。これは高度な悟《さと》りを開いた者に特有のものであり、「霊媒現象《れいばいげんしょう》」（トランス状態になって意識を失い、霊が一方的にしゃべる現象）とは異なる。

また、人間の魂《たましい》は原則として六人のグループからなり、あの世に残っている「魂の兄弟」の一人が守護霊《しゅごれい》を務めている。つまり、守護霊は、実は自分自身の魂の一部である。したがって、「守護霊の霊言」とは、いわば本人の潜在《せんざい》意識にアクセスしたものであり、その内容は、その人が潜在意識で考えていること（本心）と考えてよい。

なお、「霊言」は、あくまでも霊人の意見であり、幸福の科学グループとしての見解と矛盾《むじゅん》する内容を含《ふく》む場合がある点、付記しておきたい。

第1章

NHK放送総局長・石田研一《いしだけんいち》氏守護霊《しゅごれい》インタヴュー

二〇一二年九月十九日　収録
東京都・幸福の科学総合本部にて

質問者　※質問順

小林早賢《こばやしそうけん》（幸福の科学　広報・危機管理担当副理事長）

高間智生《たかまともお》（幸福の科学　メディア文化事業局担当チーフ）

饗庭直道《あえばじきどう》（幸福実現党　広報本部長）

［役職は収録時点のもの］

1　なぜ、ＮＨＫは「反日的報道」をしたがるのか

「報道するか否《いな》かの判断基準」が外部にはよく分からないＮＨＫ

大川隆法　今日の霊言《れいげん》のタイトルは、「ＮＨＫはなぜ幸福実現党の報道をしないのか――受信料が取れない国営放送の偏向《へんこう》」です。

少し厳しめの題ですが、この問題は、幸福の科学というか、特に幸福実現党にとって、ある意味で死活問題ではあります。今回の霊言は、ややビーンボールに近い球になるかもしれませんが、こういうものも、たまには投げてみないといけないかもしれません。

例えば、左翼《さよく》の脱《だつ》原発デモや中国の反日デモであれば、完全に報道するのに、その反対側のものについては、なぜ報道しないのでしょうか。不思議と言えば不思議です。

そのへんの判断基準が国民に明らかにされていないので、それを知りたいと思います。私は、「NHKの報道にも、だんだん、本質的には反日的なものが入ってきているのではないか」と思うのです。

ただ、「その反日は、いったい、どこから来るのか」ということについては、分かりかねます。NHKには、教祖のような人物が、はっきりと存在するわけではないので、その反日的なものが、どこから来ているのかが、よく分からないのです。

例えば、皇室報道であれば、「皇后陛下」「皇太子殿下《でんか》」「雅子妃殿下《まさこひ》」などという敬称《けいしょう》が、だんだん、「皇后さま」「皇太子さま」「雅子さま」などに変わってきています。こういう呼び方は、朝日系では、かなり前から使われていましたが、NHKも、いつの間にか、そちらのほうに流れていき、皇族を普通《ふつう》の人間と同じような扱《あつか》いにしています。「ヨン様」や「ペ様」と同じ扱いになっているのです。

それから、二〇〇九年に幸福実現党を立党したとき、私は政見放送収録のためにNHKに行きましたが、偉《えら》い立場の人が、やたらとたくさん出てきて、名刺《めいし》を私に渡《わた》し、

「先生、先生」と言ってくれたものの、そのわりには、幸福実現党に関する報道において何のメリットもありませんでした。

また、幸福実現党の党総裁（当時）として、その年の衆議院議員選挙に立候補した私は、京都で第一声を上げましたが、現地に取材に来て、それを撮《と》ったＮＨＫの記者たちは、「今日の夜の七時のニュースと九時のニュースで流します」と、はっきり言っていたのに、実際には流れなかったので、上のほうが止《と》めたのは間違《まちが》いないでしょう。

現場の記者が「流す」と言ったのに、流れないのですから、ＮＨＫの上のほうの人たちは、何らかの判断基準をお持ちなのだと思うのです。

あのとき、あれがニュースで流れていたら、もしかしたら、選挙結果は違っていたかもしれないのですが、ＮＨＫは取り上げませんでした。

そして、その後《ご》の三年間を見ても、担当者は変わっているのでしょうが、幸福実現党に対する姿勢は、特に大きくは変わっていないように思われます。それがなぜなのか、よく分からないのです。

ＮＨＫには私の知り合いも多少はいるのですが、あまり偉くなっていないことも原因の一つなのかもしれません。番組のキャスターを務めた人もいますが、まだ経営幹部にまでは上がっていないのでしょう。

なぜ、国営放送で反日的な印象を受けるのか、よく分かりません。ＮＨＫには、国益につながる報道をしたがらず、それに反するようなものを報道したがる傾向《けいこう》があります。その理由を私は知りたいのです。

今、中国の国営放送系は、「尖閣諸島《せんかくしょとう》は中国の領土だ」という言論で統一されています。そして、すでに一週間以上も反日デモが行われ、日本の大使館や総領事館、日系企業《きぎょう》や商店等が襲《おそ》われ、日系企業の建物は炎上《えんじょう》し、商店等は略奪《りゃくだつ》に遭《あ》い、ものすごい被害《ひがい》が出ているのに、それを中国の報道機関はまったく報道しません。

そのように、中国では、報道を操作することによって、ある事柄《ことがら》を国民に知らせたり、知らせなかったり、好きなようにできるのです。

ＮＨＫも、ある意味で、それと似たような体質になっているのではないでしょうか。

もちろん、日本には複数のメディアがあるのですが、それらがわりと横並びになる傾向があることも、また一つの問題ではないかと思います。

なぜ、維新《いしん》の会は報道され、幸福実現党は報道されないのか

大川隆法　ＮＨＫは、報道において、幸福の科学や幸福実現党を、一切《いっさい》、無視しています。

彼らは、自分たちを政府の一員だと思っていて、憲法の「政教分離《ぶんり》」の原則に従っているつもりなのでしょうか。あるいは、宗教は畏《おそ》れ多いから、触《さわ》らないことにしているのでしょうか。それとも、「何か事件を起こしたとき以外は宗教を扱わない」ということが、内規などで決まっているのでしょうか。このへんについて、私は知りたいのです。

ただ、宗教にかかわることであっても、国民の生活や考え、文化には大きく影響《えいきょう》を与《あた》えているので、「一切、無視する」ということには問題があります。

二〇〇九年の衆議院議員選挙において、幸福実現党は、今の「日本維新《いしん》の会」より

も早く、全国の選挙区に三百数十人の候補者を立て、選挙戦を戦いました。これには十分な報道価値があったはずですが、日本の報道機関は、みな、幸福実現党を完全に無視しました。

そして、後追いで、「政党の要件を満たしていないから」という理由をつけ、それを〝盾《たて》〟に使いました。しかし、それは、政党助成法が定めている、「五人以上の国会議員がいるか、直近《ちょっきん》の国政選挙で全国での得票率が二パーセント以上あれば、その政党には助成金が支給される」という、助成金支給の基準であって、政党の要件ではないのです。

橋下《はしもと》氏の「大阪《おおさか》維新《いしん》の会」が、国会議員七名を集め、「日本維新の会」として発足《ほっそく》したのは、九月になってからですが、維新の会は、助成金支給の基準に満たない三月ごろから、週刊誌だけではなく、テレビでも新聞でも堂々と一面で扱われていました。

ただ、政治家といっても、橋下氏は大阪市長であり、「市長が国政を牛耳《ぎゅうじ》る」というのはデタラメな話です。たまに週刊誌が面白《おもしろ》がって扱うのは構わないでしょうが、まっとうなマスコミが扱うテーマではありません。

橋下氏が、市長のままなのか、新しい政党の党首になるのか、まだ分からない状況《じょうきょう》だったのに、国営放送や代表的な大新聞が、「橋下氏が国政を牛耳るかもしれない」というような報道をしたことは、感覚的に見ておかしいと私は思うのです。

このへんの判断基準が、いったい、どのようなところにあるのか、それを知りたいと思います。

朝日新聞の記事は振《ふ》り子のように揺《ゆ》れている

大川隆法　「反日」という報道姿勢では、もちろん、朝日新聞やテレビ朝日が、つとに有名ですが、こちらも、それを分かって見ています。

テレビ朝日のニュースを見るときには、「この事実を、どのような言い方で反日的に持っていくのか。どういう表現をしたら、反日的に聞こえるような報道ができるのか」という目で見ているので、騙《だま》されないように、ある程度、チェックが効《き》かないわけではありません。

一方、朝日新聞に関しては、近年、記事に少し揺《ゆ》れがあります。不思議ですが、柱時計の振《ふ》り子のように揺れているのです。当会の言論がかなり強くなってきたあたりから、朝日が揺れ始めており、従来の朝日のような左翼的意見が出るときもあれば、当会の意見に近いものが出るときもあり、交互《こうご》に出てきています。

朝日新聞は、ある程度、「オピニオンリーダー」「クオリティ紙」と言われているわけですが、そのように感じたことも、過去において、あったことはあります。

例えば、一九九五年の「オウム真理教事件」の際、各メディアは、テロを怖《こわ》がって、すくんでいたのですが、幸福の科学と朝日新聞の二つだけは、テロを恐《おそ》れず、オウム教の追及《ついきゅう》に入りました。

そういう面では、朝日新聞には、確かに、クオリティ紙と言われるだけのことはあるのかなと思います。朝日新聞は、以前、テロに遭ったことがありますが、その朝日が追及に入ったので、やっと、ほかのメディアも動き始めたのです。

一九九一年には、「講談社フライデー事件」（注。一九九一年に講談社が「週刊フライデー」誌上で幸福の科学を誹謗《ひぼう》・中傷し、それに対して信者たちが抗議《こうぎ》した出来事）で当会は講談社と対決していたのですが、その時期に、盗作《とうさく》問題など、当時の講談社が抱《かか》えていた別の問題を、どんどん紙面に載《の》せ始めたのが朝日新聞でした。だから、朝日は少し変わってはいるのです。

朝日新聞には、「自分が皮切りとなっていく」というプライドがあるのではないかと感じています。

最近、朝日新聞は、中国の軍事問題等について、かなり報道し始めるようになりましたが、私の後輩《こうはい》筋のような人が、そうとう朝日にも入っているので、私の著書の影響を受けているのかもしれません（注。本霊言収録の翌日［九月二十日］、朝日新聞主筆・若宮啓文《わかみやよしぶみ》氏守護霊《しゅごれい》の霊言を収録した。『朝日新聞はまだ反日か』〔幸福の科学出版刊〕参照）。

昔から宗教は政治に対して意見を述べてきた

大川隆法　ＮＨＫは官僚《かんりょう》組織なので、意思決定が本当になされているのかどうか、分からない面があり、それぞれバラバラに動いていることもありうるのですが、「ニュースとして報道するか否《いな》か」の決定権を持っている人たちはいるはずです。

ただ、二〇〇九年当時のＮＨＫの幹部には、もういなくなっている人も多いでしょう。現在、放送総局長は石田研一《いしだけんいち》氏、報道局長は森永公紀《もりながこうき》氏ですが、決定権を持っているのは、この二人あたりなのではないでしょうか。ＮＨＫの今の会長は、生《は》え抜《ぬ》きではなく、よそから来た人なので、何も分かっていない〝飾《かざ》り〟かもしれません。そこで、この二人の守護霊を呼んで話を聴《き》き、本心を調べてみようと思います。

もし、この二人の守護霊が、習近平《しゅうきんぺい》氏のように本音でペラペラと話してくれたら（『世界皇帝《こうてい》をめざす男』『中国と習近平に未来はあるか』〔共に幸福実現党刊〕参照）、どのように考えているかが分かります。ごく普通に質問を投げ掛《か》け、話をしているうちに、本音が分かってくるかもしれません。

そして、「ＮＨＫは、なぜ、反日的なのか。なぜ、宗教に対して、そのように思っているのか」ということを探《さぐ》りたいと思います。

ＮＨＫは今年の大河ドラマで「平清盛《たいらのきよもり》」を放送していますが、それを見ていると、山法師《やまほうし》の強訴《ごうそ》がよく出てきて、後白河院《ごしらかわいん》でさえ、彼らに言うことをきかせることができずに、苦労しています。山法師たちは、人事などをめぐって、よく強訴していたのです。

宗教が政治に介入《かいにゅう》するのは当たり前のことです。昔から、宗教は、政治に対して、ときには武力さえも振るい、一定の圧力団体として機能してきています。宗教は伝統的権力であり、政治に対して、ものを言って悪いわけでは決してないと思われます。

ドラマの話が出たので述べますが、ＮＨＫのドラマには、もちろん、死んで幽霊《ゆうれい》になる人も出てくれば、死者の冥福《めいふく》を祈《いの》る場面も出てきます。そのへんについて、ＮＨＫには、「フィクションならいいが、ノンフィクションなら困る」というような内規でもあるのでしょうか。

海外の国営放送は宗教を悪だとは思っていない

大川隆法　私が、こういうことを特に強く感じるようになったのは、海外伝道をし始めてからです。

例えば、インドに行ったときには、インドの国営放送が、事前には内容が全然分からないのに、私の説法《せっぽう》を生中継《なまちゅうけい》しました。あとから内容を見て、よくチェックし、稟《りん》議《ぎ》を上げて決裁が下りてから放送するのではなく、生中継で放送しましたし、民放もそうでした。

また、私の説法を、ネパールでも、国営放送が、一時間、生中継をしましたし、スリランカでもウガンダでも、国営放送が生中継をしました。

彼らは宗教を悪だとは思っていません。そして、「日本の有名な宗教家が来た」ということであれば、その講演を生中継します。「国営放送が、こんなことをしてよいのか」という感じではなく、「ニュース価値がある」と見ているのです。

ネパールでは、私が訪れる直前に、韓国《かんこく》出身の潘《パン》国連事務総長が来て、「自分の話をテレビで流してほしい」と言ったそうですが、現地の国営放送の人は、「断りました」と、はっきり言っていました。国連事務総長の話は断り、私の話は流したのです。価値判断が日本とは全然違います。日本なら絶対に逆になるはずです。

しかも、その国営放送の人は、「それは、きちんと調べた上での判断であり、偶然《ぐうぜん》にそうしたわけではないのです。あの人は、出身から見て、思想的に問題があるので、その話は流せません」と言っていたのです。

ＮＨＫは、国営放送として、価値判断の中立や公正というものを、もう一つ違った目で判断するとよいでしょう。

「ＮＨＫは中国の国営放送とは違う」と思いたいところですが、意外に近いのかもしれません。中国や北朝鮮《きたちょうせん》に、わりと近い感覚を持っているような気がしてならないのです。

ああいう国がおかしいのは十分に納得《なっとく》がいきます。権力に対して少しでも刃向《はむ》かうようなことを言うと、すぐ逮捕《たいほ》されたりしてしまうので、おかしいことが分かるのですが、ＮＨＫの価値判断も、どうもおかしいのです。

今日の霊言収録で、ＮＨＫの幹部二人の守護霊から、中身のある話が出てくるかどうかは分かりません。今日の質問者のなかには元ＮＨＫ職員もいるので、職場の先輩に当たる人の姿を見て涙《なみだ》を流すというか、あまりの中身のなさに、がっかりするかもしれませんが、いちおう調べてみましょう。

尖閣《せんかく》諸島に上陸した幸福実現党員は、どう報道されたか

大川隆法　現時点で日中間には尖閣《せんかく》諸島問題がありますが、昨日《きのう》（二〇一二年九月十八日）の午後、中国の公船が、十数隻《せき》、日本の接続水域に入ってきて、そのうち、三隻は領海侵犯《しんぱん》をしています。

また、昨日の朝には、泳いで尖閣諸島に上陸した日本人が二人います。日の丸の旗を持って上陸し、歌を歌って帰ってきたようですが、警察の事情聴取《ちょうしゅ》を受ける前に、マスコミの取材に応じ、「私は幸福実現党員だ！」と主張したらしいのです。

私は、「日本人が泳いで尖閣諸島に上陸した」というニュースを聞いたとき、「もしかすると、これは幸福実現党員ではないだろうか」と、一瞬《いっしゅん》、思ったのですが、やはり、そうだったわけです。

ただ、ＮＨＫは、「ある政治団体のメンバーである日本人二名が警察で事情を聞かれています」と報じましたが、幸福実現党の名は出していません。

また、朝日新聞系のインターネットのニュースでは、その件の報道で幸福実現党の名が出ていたのに、いつの間にか消されたそうです。

幸福実現党の名を出すのが怖いのでしょうか。

でも、これに関しては、言ってくれないほうがよいのかもしれません。

あれだけ反日デモを行い、さらには、「漁船を千隻も出すぞ！」と言って脅《おど》しをかけたのに、日本側が態度を変えないので、今、中国政府の報道官はイライラしています。日本人が二人、尖閣諸島に上陸したことについて、「わが国の領土を侵犯した」と言い、報復措置《そち》を取ることを示唆《しさ》しているので、具体的報復措置を取られると、当会が攻撃《こうげき》を受ける可能性が、あることはあるのです。

このへんでは虚々実々《きょきょじつじつ》の駆《か》け引きはあります。

「国営放送だから」という理由は通用しない

大川隆法　いずれにしろ、「何をもって判断しているか」が大切です。海外に行ってみて、「国営放送だから」という理由は通用しないことを私は感じています。これは価値観の問題なのです。

ＮＨＫは、「日本には、あの世を信じている人が三十パーセントぐらいしかいないかもしれず、国民の多数は信じていないので、国営放送としては、そういうものは扱わない」と考えているのでしょうか。よく分かりません。

そこで、とりあえず、現在、権力を持っておられる、放送総局長と報道局長を、順に呼んでみましょう。そして、自由に球を投げてみて、彼らが話す内容を聴けば、だいたい見えてくるだろうと思います。

彼らは、取材することには慣れていても、自分たちが取材されることには、おそらく慣れていないでしょう。完全に隠《かく》れていて、取材されることはないだろうと思われるので、「取材されると、どうなるか」ということを、経験していただくとよいと思います。意外に、よく話すかもしれません。

霊言《れいげん》の収録に感謝してくださった「今上《きんじょう》天皇の守護霊」

大川隆法　ちなみに、最近、「今上《きんじょう》天皇の守護霊インタヴュー」と、「雅子妃の守護霊インタヴュー」を行いました（『今上天皇・元首の本心　守護霊メッセージ』『皇室の未来を祈って』〔共に幸福の科学出版刊〕参照）が、今上天皇の守護霊は、私のところに、夜、もう一回、現れて、「あの本はよかった」と言ってくださいました。

そして、「私が言いたいことを言ってくれて、ありがとう」という肯定《こうてい》的評価をしてくださり、「かなりはっきり言ってくれて、うれしかった」とのことでした。

また、雅子妃については、「いやあ、これで（体調不良の）理由がよく分かった」というようなことを言ってくださいました。

誤解のないように述べておきますが、今上天皇の公式なご訪問があったわけではなく、これは、あの世的な話です。

ＮＨＫの放送総局長、石田研一氏の守護霊を招霊《しょうれい》する

大川隆法　では、呼んでみます。

ＮＨＫには、経営委員会があって、その下に会長と理事会、さらにその下に放送総局があるのですが、現在の放送総局長である石田研一氏の守護霊を最初にお呼びします。

この方は、今、五十八歳《さい》です。ＮＨＫに昭和五十二年（一九七七年）に入局し、政治部で外務省キャップや首相官邸《かんてい》キャップ、政治部長になり、福岡《ふくおか》放送局長、経営企画局長を経て、現在、理事と放送総局長を務めています。いちおう、エリートなのでしょう。

「ＮＨＫを取材する」という経験は私にもありません（笑）。

（質問者たちに）頑張《がんば》ってください。

さあ、何が出てくるでしょうか。守護霊ではなく、この方に憑《つ》いている者が出てくるかもしれないので、どうなるか、分かりません。

それでは、たいへん恐縮《きょうしゅく》ではありますが、宗教団体の側からＮＨＫを逆取材させていただきたいと思います。失礼の段を、お許しください。

私どもは、ここ三年、国難を克服《こくふく》すべく、政治運動を行っていますが、それに対して、協力的な態度がまったく見えませんし、私どもを黙殺《もくさつ》しておられるものの筆頭かと思われるので、「どういうお考えをお持ちなのか」ということを、お伺《うかが》い申し上げたいと思います。

順番といたしましては、まず、放送総局長の石田研一氏の守護霊をお呼びし、その価値観や判断基準等を、お訊《き》きしたいと思います。

守護霊の意見なので、本人が「言った覚えはない」と言えば、それはそのとおりなのですが、私たちは、あくまでも心の傾向性を探っているだけなので、どうぞ、安心して本心を語ってくだされば幸いです。

守護霊が私に呼ばれて出てくることは、たいへん名誉《めいよ》なことらしく、最近は、「出してください」という申し込《こ》みもずいぶん多いのです。選ばれて、ここに呼ばれることは、「かなり認められた」ということなので、「出たい」という売り込みが、けっこうあります。

しかし、「本人がそれほど出世していないので、まだ早いのではないでしょうか。本人を宣伝することになるので、今は無理です。本人がもう少し偉くなったら、収録してもよいのですが、今はまだ世間《せけん》で十分に認められているとは言えないので、もう少し成功が要《い》ります」と言って、私のほうが断ることもあるのです。

ここに呼ばれることは、本人が死んでいても生きていても、名誉なことであり、各国の元首級と同じような扱いなので、「日本の権力者の一人として認められた」ということなのです。

それでは始めます。

（瞑目《めいもく》し、顔の前で両手の指先を合わせて三角形をつくる）

現在のＮＨＫ放送総局長、石田研一さんの守護霊を呼びたいと思います。

ＮＨＫ放送総局長の石田研一さんの守護霊を呼びたいと思います。

石田研一さんの守護霊よ。

石田研一さんの守護霊よ。

どうぞ、幸福の科学総合本部に降りたまいて、われらに、その本心を明かしたまえ。

（腕《うで》を下げ、胸の前で合掌《がっしょう》する）

石田研一さんの守護霊よ。

石田研一さんの守護霊よ。

どうぞ、幸福の科学総合本部に降りたまいて、その本心を明かしたまえ。

ＮＨＫの方針を明かしたまえ。

ＮＨＫの考え方や規範《きはん》、ルール、価値判断などについて、われらに、その道標《みちしるべ》を与えたまえ。

（約十五秒間の沈黙《ちんもく》）

石田研一守護霊　ふん！　ふん！

小林　ＮＨＫ放送総局長の石田研一さんの守護霊でいらっしゃいますか。

石田研一守護霊　うーん？

小林　本日は、幸福の科学総合本部にお越《こ》しいただきまして、まことにありがとうございます。

石田研一守護霊　みみっちい本部だなあ。もうちょっと、近代的なビルを建てなきゃ駄目《だめ》だよねえ。

小林　ＮＨＫさんは、受信料を使って、渋谷《しぶや》の神南《じんなん》にずいぶん立派な建物をお建てになっていますので……。

石田研一守護霊　あの程度の敷地《しきち》がないと、宗教法人も信用がつかないよ。君ねえ、五反田《ごたんだ》のペンシルビルでやっている宗教なんてものに、国営放送が相手などしていられませんよ。分かってる？

2　国政選挙にからむ「マスコミの談合」

ＮＨＫの仲間内で「誰《だれ》を落とすか、通すか」を先に決めている

小林　さっそく、ずばり、今日の本題に入らせていただきます。

石田研一守護霊　ああ。

小林　宗教全般《ぜんぱん》に対する報道もそうですが、とりわけ、二〇〇九年に幸福実現党が立党したあと、ＮＨＫは大量の撮影《さつえい》をしながら一切《いっさい》報道をしませんでした。あの極《きわ》めて特殊《とくしゅ》かつ異常な編成方針は、どういう理由によるもので、どこから出てきたのか、教えていただけますか。

石田研一守護霊　そらあ、現場は労働時間や日当を使ってやっとるから、「何とか報道価値のあるものにしたい」とは思うだろう。

その当時は、わしが完全な責任者ではないんだがな。ちょっと、ほかに、いたことはいたんだけども、まあ、知っては……。

小林　でも、その報道方針は、今も引き継《つ》がれておりますよね。

石田研一守護霊　うーん、もちろん知ってはいたから、逃《に》げられんとは思うが……。まあ、みんなで見ていましたよ。「資料価値としては撮《と》っといたほうがいい」と思うから、撮ってはおいたけれども……。

何ていうかなあ、結論が先に出るんだよ。つまり、「応援《おうえん》するか、しないか」「落とすか、通すか」みたいなのを、先に決めるんだよ。今だって、自民党の総裁選とか、民主党の代表選とか、やってる最中だろ？（収録時点）

小林　それは、誰《だれ》と相談して決めるのでしょうか。

石田研一守護霊　へへへ……。まあ、われら仲間内の数名で決まる。

小林　その仲間内というのは、必ずしもＮＨＫの人だけとは限らない？

石田研一守護霊　いや、いちおう、NHKはNHKで決めてはおる。われらにも、予知能力はあるわけであって、将来を予想して、「どういうふうに振《ふ》る舞《ま》ったほうが、会社の安定につながるか」っていうことを考えた上で決めている。「誰が次になるのが望ましいか。そうなった場合、どうなるか」みたいなことは、いちおう予想して、「この人を応援する感じで行こうか」と話している。

例えば、総裁選みたいなものでも、誰をクローズアップするかだ。それをやれば、そちらのほうに票が入ってくるのは、ほぼ決まっているからね。

小林　それを経営幹部で相談して決めるんですね。

石田研一守護霊　君ね、マスコミのいちばんの楽しみは、ここなんだよ。

小林　ほぉー。

石田研一守護霊　「どこを強く推《お》す」かは、推薦《すいせん》しているのと、実質上、一緒《いっしょ》だからね。そうやって、国民の投票だとかを、知らないうちに操作している。あるいは、国会議員だって操作できるからね。

小林　そうしますと、松本NHK会長は、「雇《やと》われマダム」とは言いませんが……。

石田研一守護霊　まあ、ちょっとな。

小林　NHKに来られてまだ一年ですからね。

石田研一守護霊　いやいや、そう言ったらクビが飛ぶから、それは言っちゃいけないんだけども……。

小林　副会長以下で、だいたい、そのへんのことを決めていると？

石田研一守護霊　うーん、全部とは言わんが、基本的に六割ぐらいは、私の一存で決まるかもな。

政治家がかわいそうなので、「内容が上」の実現党を排除《はいじょ》した？

小林　そうしますと、「幸福実現党について報道しない」ということも決めましたか。

石田研一守護霊　まあ……。そうだなあ。

小林　日本維新《いしん》の会、あるいはその前の大阪《おおさか》維新の会は、政党助成法の要件を満たしていない政党にもかかわらず、あれだけのトップ報道をされましたよね。

石田研一守護霊　だから、彼らは政党をつくるために、あれ（政党助成法の要件）を満たすようにした。九月になってから、ちょっと〝つつき〟が入ってきたから、慌《あわ》てて国会議員を集めたんじゃないの？

小林　でも、その前から、NHKを含《ふく》めて大量に報道がありました。この方針の違《ちが》いは、どういうことでしょうか。

石田研一守護霊　だから、ちょっと〝つつき〟が入ったわけよ。君らのときは、「政党に値《あたい》しないので報道しなかった」という理由を使ったのでね。それをちょっとつつかれ、声が入って来始めたので、あちらも慌てて、「早く国会議員を入れたほうがいい」ということで、やってはいるね。

小林　あれは一種の口実《こうじつ》だったと思います。三年前、なぜ、そういう口実を使って、公《おおやけ》の報道から、幸福実現党の存在を排除《はいじょ》しようとしたのか。そのあたりの理由をご説明願いたいのです。

石田研一守護霊　だって、政治家がかわいそうじゃない？「政治家のほうが能力が低く見える」っていうのは、かわいそうじゃないか。

小林　ＮＨＫさんの場合、国会で予算を通さなければいけないので、当時、権力についていた与党《よとう》・自民党だけでなく、野党の民主党にもずいぶん便宜《べんぎ》を図《はか》っておられたわけですね。

石田研一守護霊　うーん。

小林　要するに、そういった人たちの意向を受けて、「かわいそうだから」という面があったと……。

石田研一守護霊　というかさあ、あのときは、麻生《あそう》さんだったっけ？　麻生さんに、それから鳩山《はとやま》さん？　それで大川隆法と、もし、三人並べて講演を流したら、そんなの、「大川隆法の勝ち」になるに決まっているじゃないか。

小林　それはもう分かっていますけれども。

石田研一守護霊　分かってるよ。講演をかけたら分かるよ。内容が違うことぐらい、みんな分かっちゃうから……。

小林　では、内容の判定はしていたと？

石田研一守護霊　当たり前だよ。ずっと上だよ。それは分かってるけども、彼らはプロなのでね。何十年もやっていらっしゃるんだから、そういう失礼なことをすると、あとで予算とか、いろんなところで問題が出てくることがあるからね。

小林　事実上、有形無形の圧力があったわけですね？

石田研一守護霊　（圧力が）あったわけではないけど、日本には、そういう以心伝心《いしんでんしん》のところがあるからね。

あのねえ、ＮＨＫだけでやっとるわけじゃないんだ。マスコミがけっこう談合してるんだよ。テレビ局だけじゃなくて、新聞社等も、いろんな会合をよくやって、「次は誰にするか」を決めているんだ。

まあ、うちは、別に利益を目標にしている会社じゃないけども、早い話、「誰がなったほうが面白《おもしろ》いか」っていう話は、いちおう、することはするわけだ。

「幸福の科学の情報発信」に、対応する姿勢はあるのか

小林　当時、幸福実現党以外の政党は、国防の問題、すなわち、今の韓国《かんこく》や北朝鮮《きたちょうせん》、中国の問題から一切逃げており、幸福実現党のみがそれを主張しました。

石田研一守護霊　あ、ＮＨＫも逃げてたよ。

小林　ＮＨＫも逃げた？

石田研一守護霊　うん、そう。

小林　それで、三年たった今、国難の危機を迎《むか》え、「千隻《せき》の漁船や武装船が日本の尖《せん》閣《かく》に向かってくるかもしれない」という状況《じょうきょう》を現出させてしまったわけです。

石田研一守護霊　うーん、今は、君らのいろんな情報発信があるからさあ、それを受けて、ちょっと早くなっているんじゃない？「対応しよう」という姿勢が少し出ているんじゃない？

小林　ということは、次の衆議院選においては、幸福実現党に関して、公平な報道をすると？

石田研一守護霊　今、対象外の石破《いしば》（石破茂《しげる》・前自民党政調会長）みたいな者に対しても、多少は有力に見せるように一生懸命《いっしょうけんめい》やっているじゃないか。それは、あんたたちのニュース性を受けて、未来予想をし、「もしかしたら、必要になるかもしらん」と思うから、やっているんだ。

石原伸晃《いしはらのぶてる》（自民党幹事長）だって、「幸福の科学で、ちょっと推しがあった」っていうことは聞いているし、安倍《あべ》（晋三《しんぞう》・元首相）だって、つながりがあるのは知っているから、そのあたりの紹介《しょうかい》を強めにしてやっているじゃない？

小林　それで、「右」といいますか、保守に寄って……。

石田研一守護霊　君らには、プロとしての実績がないから、君らの代理人になるような人を推してやっているんだよ。それで感謝してくれ。

3　マスコミが中国に屈《くっ》する理由

駐在員《ちゅうざいいん》の命を守るため、ＮＨＫは中国政府の股《また》をくぐった

小林　ずばりお訊《き》きしますけれども、中国国営放送の東京支局が、神南《じんなん》にあるＮＨＫ放送センターのなかに入っていますね？　「ああいう国のテレビ局員はスパイのかたまりだ」ということは世界の常識であり、当然、ご存じだと思うのですが。

石田研一守護霊　いや、君ねえ、それは言ってはいけない。〝放送禁止内容〟だ。

小林　あまりにも事実すぎた？

石田研一守護霊　そういうことはねえ、ＮＨＫは、公式に絶対に認めないことであるのでね。だって、国民は調べようがないから……。

小林　でも、みんな言っていますよ。

石田研一守護霊　昔、中国は貧しかったから、「ちょっと、間借《まが》りしたい」っていうことがあってね。

小林　昔はそうかもしれないですけれども。

石田研一守護霊　国交を回復したときに、善意でもって、そういうことをした人がいるんだろう？　わしらは、全然知らないけど、昔の先輩《せんぱい》で、そういうことをした人がいるんじゃないかな。

小林　あと、一九六四年の報道協定で、ＮＨＫは中国政府に一札《いっさつ》を入れて、中国政府の股《また》をくぐりましたね。

石田研一守護霊　うーん……。朝日だって入れているんだろう？

小林　朝日も入れていますが、ＮＨＫも一札を入れました。

石田研一守護霊　だって、今のデモを見たら分かるじゃないか。やつらは、焼き討《う》ちをかけてくるんだからさ。現地の中国にいる駐在員《ちゅうざいいん》たちの命や、その家族を守らないといかんわけよ。本人だけじゃないからね。家族がいるんだ。奥《おく》さんもいれば、子供も学校に通ってるんだからさ。学校の行き帰りに殺すぐらい、中国にとっては簡単なことだからね。

小林　それでは、習近平《しゅうきんぺい》氏の脅《おど》しにまんまと屈《くっ》してしまったのと同じです。

石田研一守護霊　そうだよ。駐在員を置くためにはしかたがない。向こうは、「こういうことは駄目《だめ》だ」「それを守らなければ、中国で取材をさせない」っていう禁止条項《じょうこう》を言ってくるからね。

相手（政府）に頼《たの》まないかぎり、あそこは、何にも取材できない国だからね。警察なんてかわいいもので、軍隊がすぐ出てくるからさ。

「習近平《しゅうきんぺい》のデビューに協力したい」という報道姿勢

小林　「ＮＨＫが『シルクロード』という番組をつくったとき、中国政府に対してお金をかなり使った」という報道がありました。お付き合いがたいへん深くなり、それがいろいろな政治報道にも表れているようですね。

石田研一守護霊　角栄《かくえい》さんの日中国交回復のあとから、国策として、「中国とのパイプを太くして、交流を深めよう」という流れがあったことは事実だよな。これはうちだけじゃない。経済界もそれを望んでいた。

それなのに、あんたがただけが、中国をすごい悪者みたいな言い方をするから、極《きょく》端《たん》な意見に見えたのは事実だよな。

だけど、現実には、中国は何千人のデモをやったり、焼き討ちをかけたり、日本車を壊《こわ》したりしている。それを中国の内部では報道しないで、外国にだけ流している。あれは脅威《きょうい》を与《あた》えているんだね。脅迫《きょうはく》しているんだよ。漁船が出発するところを流して、脅威を与えているんだよ。

要するに、すでに、君らの本に書いてあったように、日本を震《ふる》え上がらせて、「民主党政権が白旗を揚《あ》げるかどうか」を見ているわけよ。だけど、白旗をなかなか揚げないもんだから、業《ごう》を煮《に》やしているわけだ。

まあ、今、アメリカから（国防長官が）来たので、「習近平《しゅうきんぺい》のデビューに花を添《そ》えるようなかたちのまとめ方をしなきゃいけないなあ」と考えているところだね。

小林　それに協力していると？

石田研一守護霊　習近平は、うまいことやっているじゃないか。（デモを）仕掛《しか》けているのは習近平だろう？　そんなのは分かってるさ。

習近平が仕掛けているのは、分かっているけど、「いったん姿を隠《かく》して、現れてきたときには、アメリカの国防長官と会って手打ちをし、だんだん、それを沈静化《ちんせい》させた」って言えば、習近平にものすごい力があるように見えるじゃない？　次、デビューするのにいいじゃないか。

中国から「幸福実現党を叩《たた》け」という指示が来ている？

小林　不思議なのは、「台湾《たいわん》で反日の捏造《ねつぞう》番組の撮影《さつえい》をして、大デモに取り囲まれた」とか、「韓国《かんこく》での従軍慰安婦《じゅうぐんいあんふ》に関する報道に極端な偏《かたよ》りがあった」とか、そういうことが、人が替《か》わっても繰《く》り返し起きています。その理由は何でしょうか。

石田研一守護霊　現地の安全を守りたいからね。アメリカ人も人命は大切にするけども、日本人も人命は大切にするんだよ。

だけど、アメリカの場合は、いざというとき、軍隊が守ってくれるが、日本は守ってくれないからね。自衛隊は助けに来てくれないので、現地で見殺しにされる。

われわれは、いつ、自分がそういう身になるか分からないから、〝労働組合〟の仲間として、身を守らなきゃいけないわけだ。

海外取材って怖《こわ》いよ。この前、シリアで一人殺されたじゃない？　ああいうことがあっては、日本ではいけないのだよ。

小林　要するに、海外取材が怖いから、中国政府と仲良くしていると？

石田研一守護霊　中国では、一瞬《いっしゅん》で死刑《しけい》にされるから、怖いんですよ。

小林　でも、ニューヨーク・タイムズや、その他、欧米《おうべい》の報道を見ると、ＮＨＫとは報道姿勢がずいぶん違《ちが》いますね。

石田研一守護霊　いや、向こうには軍隊があるじゃない？　アメリカの軍隊が後ろについているから、下手なことをやれば、そらあ、アメリカは許さない。それが怖いんだ。

小林　幸福実現党が国防力を強化して後ろ盾《だて》になったら、きちんと報道をすると？

石田研一守護霊　いや、それよりは、「幸福実現党を叩《たた》け」と中国が命令してくるほうが早いだろうね。

小林　もうすでに命令されている？

石田研一守護霊　その気配はもうあるね。あちらが幸福実現党をマークしているのは分かっているから、あちらのほうから、「叩け」という指示が来る可能性はある。

小林　指示が来ているんですね？

石田研一守護霊　うーん、まずいなあ……。

小林　本当は来ているんですね？

石田研一守護霊　いやあ、それはまずい。まあ、とにかく、韓国や北朝鮮《きたちょうせん》、中国などを敵に回すような勢力っていうのは、困るのよ。

君らだけじゃないよ。基本的には、右翼《うよく》の街宣だって、なんか事故でも起こさないかぎり、うちは流してないからさ。会社に突《つ》っ込《こ》んで事故を起こしたら、報道するけども、普通《ふつう》の街宣は流しませんからね。

4　偏向《へんこう》報道に関する「言い訳」

左翼《さよく》系のマスコミの源流は「東大法学部政治学科」にあり

小林　今、非常に問題になっているものが、ＮＨＫの海外番組です。例えば、フランス向けなどでは、「日本は南京《ナンキン》で三十万人を虐殺《ぎゃくさつ》した」というような〝宣伝番組〟を流しているわけです。

そういう積極行為《こうい》まで、何でわざわざやるのか。国民としては理由が知りたいです。

石田研一守護霊　それはねえ、ＮＨＫだけの問題にしてもらったら困るんだよ。私が、こんなことを言うのはおかしいが、もう一つ、別の取材が必要だ。

小林　別の取材？

石田研一守護霊　私たちのもとにあるのは、学者なんだよ。学問なんだ。つまり、「どちらが主流の学問か」による。やっぱり、左翼《さよく》系が国際政治学においては非常に強いからね。

私は東大法学部卒だけど、大川さんもそうだから、もう、とっくに分かっていると思うが、そこの先生がたの考え方が、そういう考えなんですよ。

東大法学部の政治学の先生がたは、「従軍慰安婦《じゅうぐんいあんふ》なり、日中戦争なり、日韓併合《にっかんへいごう》なり、みんな、日本が悪いことをした」っていう歴史観を持っている。丸山眞男《まるやままさお》らもそうだけど、それ以降、ずっと、これが主流だ。そこで教わった人たちが、マスコミ系にそうとう入っている。

源流はそこにあるので、そこと戦ってくれよ。

小林　学問改革については、私たちも、これから大学をつくって取りかかります。

「国民のシェアに合わせて報道しないと収入確保が難しい」という本音

小林　いずれにしても、三年前、幸福実現党の報道をしなかったことによって、今、国難の危機を迎《むか》えていることに関しては、どう思われますか。

石田研一守護霊　それは知らんよ。俺たちは、霊能者《れいのうしゃ》じゃないから、そんなことは分からない。

小林　いや、さっき、冒頭《ぼうとう》で「予知能力がある」とおっしゃっていましたよ。

石田研一守護霊　まあ、「これが当たるかどうか」ぐらいの霊能力はあるかもね。でも、「清盛《きよもり》」が当たらないことは分からなかったが……。まあ、わしは霊能者じゃないよ。たまに外れるけども、「ヒットするかもしれない」と思って、ヒットする場合もある。五十一パーセント以上、当てればいいわけだからさ。

小林　ただ、幸福実現党の主張について、もう少し報道があってもよろしいのではないですか。

石田研一守護霊　うん、まあ……。

小林　竹島《たけしま》に対する韓国《かんこく》の侵略《しんりゃく》の問題から始まって、尖閣《せんかく》の千隻《せき》の漁船についてとか。

石田研一守護霊　まあ、それだけならいいんだけど、（幸福実現党は）宗教と一体となっているからさ。霊言《れいげん》をやって、霊と話をして、それが政党活動と一緒《いっしょ》になっている。新聞のほうは宣伝広告代が入るから、いちおう載《の》せているけど、NHKにはコマーシャル代が入らないからさあ……。

小林　でも、これだけ国論を誤ったら、みな、だんだん受信料を払《はら》わなくなりますよ。

石田研一守護霊　うーん、それはちょっと感知はしている。だから、この秋から、ちょっと値下げするんだ。

小林　リストラも結構なところまで進んでいるでしょう?

石田研一守護霊　うーん、給料はまだ十分高いよ。

小林　(笑)では、これから、NHK社員の給料を引き下げに入ると?

石田研一守護霊　うーん、だからまあ、「左寄りの国民が強いかどうか」によって、ある程度、そのシェアに合わせないと、収入源の確保が難しいよなあ。右翼が暴れたって、右翼が払ってくれる受信料は少ないから、そんなに大したことないけどねえ。

もし、あなたがたが、ほんとにメジャーな宗教になっていくとしたら、そのシェアに合わせて、報道のかたちを変えなきゃいけないとは思うけど、今のところ、まだそうではないしね。

宗教だから報道しないわけじゃない。公明党だって、一定のシェアを取ってるから、報道はしているわけだ。要するに、一部、キャスティングボートを握《にぎ》っているところがあるから、いちおう報道しているんだ。

「宗教へ行く人間は完全に切れている」と主張する石田守護霊

小林　いずれにしても、「三年前の報道スタンスと、現実に起きたこととの間に、少なからぬギャップがあった」ということですね。

石田研一守護霊　今のNHKのスタンダードな判断から言えば、大川隆法さんが死去されたときには、かすかに報道が流れます。「亡《な》くなられた」っていう報道を十秒ぐらい流します。

高間　はっきり言って、「宗教に未来はない。宗教などなくなる」と思っているんですよね。

石田研一守護霊　いやあ、そんなことはないんだけど、メジャー化するかどうかの判断だよね。

高間　「メジャー化しない」と判断されているのでしょう?

石田研一守護霊　(日本には宗教団体が)十八万もあるわけだから、それを公平に扱《あつか》うなんて無理だよ。教義は、全部、違《ちが》うんだから。

高間　私はＮＨＫの出身ですが、徹底《てってい》的に新宗教をばかにしていましたね。

石田研一守護霊　そういうところへ行く君は、もう完全に切れているわけよ。

高間　いや、私は、〝沈みゆくタイタニック号から、やっと脱出《だっしゅつ》した唯一《ゆいいつ》の乗組員〟だと思っていますよ(会場笑)。

石田研一守護霊　(笑)よく言うよ。

海外支局は「人質《ひとじち》」であり、報道の自由がない？

高間　「ＮＨＫ的理想」「ＮＨＫ的先見性」から言えば、「中国の覇権《はけん》主義が現実化して、日本は属国になる」と読んでいるわけでしょう？

石田研一守護霊　自衛隊が救出に来てくれるんだったら、もうちょっと強気の報道ができるんだけどね。自衛隊が本当に使えるかどうか分からないし、ＮＨＫの命令で動くわけじゃないからね。

小林　要するに、「人質《ひとじち》に取られているから、自由な報道ができない」と？

石田研一守護霊　そう。人質なんだよ。現地の支局は人質だよ。朝日新聞だろうと、うちであろうと一緒よ。産経だって、一回、退去させられただろう？

高間　そう考えるんだったら、もう、報道に携《たずさ》わる資格がないですよ。

石田研一守護霊　だからねえ、シリアで女の子が一人死んだけどさあ、「邦人《ほうじん》の取材の人が死ぬ」っていうようなことは、もう大変な騒《さわ》ぎなのよ。

高間　大変ではないですよ。

石田研一守護霊　あ？

高間　「死ぬ覚悟《かくご》で行く」というのがいいんですよ。

石田研一守護霊　いやあ、家族がワアワアうるさいから……。

高間　報道というのは、道を伝えることですから、「朝《あした》に道を聞かば夕べに死すとも可なり」なんです。

石田研一守護霊　ＢＢＣとＣＮＮが死にに行けばいいわけだ。うちは、情報をもらえればいいわけだからね。英語を日本語に直せばいいわけだからさ。

小林　すごいですね（苦笑）。

5　保守勢力が強くなってきた理由

幸福の科学の「言論」によって、経済界が動き始めている

小林　ところで、反原発運動に対する報道スタンスについては、「人質《ひとじち》に取られている」という理由では説明がつかないと思います。これに対しては、どう考えていますか。

石田研一守護霊　うん。今、ちょっと急転回してきたんだ。

反原発は運動的には強かった。春からグーッとやっていて、だんだん盛り上がってきたね。左翼《さよく》の新聞やテレビも（反原発が）強くて、アラブから始まった一連の自由化デモと同じように、その流れのなかで、日本に流れ着いた「あじさい革命」っていう感じでつくり上げようとし始めた。

ところが、政府は「二〇三〇年代には、（原発を）ゼロにする」と言っていたのに、

今、撤回《てっかい》し始めた。自民党の候補者が原発賛成になってきた。

これに対しては、あなたがたがすごく動いているんだよね？　本を出しまくって圧力をかけている。要所要所で献本《けんぽん》したり、役所をつついて献本したりするなど、言論で動いている。

今、あんたがたがすごい強気で出版と献本をやっているから、経済界のほうが神輿《みこし》を上げたんだよ。もし、自分たちだけで経団連とかに行って、国民の反発をウワーッと受け、それがニュースになったりしたら、もう、ちっちゃくなっちゃうからね。

あんたらがウワーッとやっているから、言えるようになったんだ。あんたらがやったから、彼らは動き始めた。

大江健三郎《おおえけんざぶろう》守護霊の霊言《れいげん》は〝衝撃《しょうげき》のアッパーカット〟だった

小林　いや、そこに至るまでの前半の部分で、反原発の報道が外れた部分に関して、答えてください。

石田研一守護霊　やっぱり、あれがねえ、大江健三郎《おおえけんざぶろう》の何だったたっけ？

小林　守護霊霊言《れいげん》ですね。

石田研一守護霊　「大江健三郎に核心《かくしん》を問う」だか、なんかあったじゃないの。ええ？　何だっけ。え？　脱《だつ》原発の核心？

小林　「脱原発の核心を問う」です（『大江健三郎に「脱原発」の核心を問う』〔幸福の科学出版刊〕参照）。

石田研一守護霊　「核心を問う」か。あれはきつかったな。

小林　きつかったですか。

石田研一守護霊　あの一発は、きつかった。狙《ねら》い撃《う》ちだったもんな、ほとんど。

小林　大江氏は、反原発運動の方々のみならず、石田さんにとっても、ある種の教祖だったわけですか。

石田研一守護霊　というかねえ、大江健三郎は、まったくノーガードだったんだよ。

普通《ふつう》、ボクシングだったら、殴《なぐ》られるときに、こうガードするからね。まさか、自分のようなノーベル文学賞を取った人間がやられるとは思っていなかったんだよ。年も、もう七十七かなんかになって、権威《けんい》が確立しているし、そういう国民的にも世界的にも認められた人がトップに立ってやっていて、デモの報道もされていたからね。だから、いい気分になっていて、ノーガードだったんだけど、あの本は、こたえたんだよ。ノーガードのところにいきなりアッパーカットが入ったんだよ。あれは、ちょっと、衝撃《しょうげき》のアッパーカットだったね。

小林　あれでグラッと来たわけですね。

石田研一守護霊　うん。あれは来た。あれは、ほんとに個人テロだよね。言論のテロだよ。なんか、いちばん上を、パシーッと狙撃《そげき》された感じだから、あれで泡《あわ》を吹《ふ》いたんだよ。本人はあの世を信じてないのに、「こんなのを信じている人が世の中にいる」っていう衝撃は、けっこう大きかったね。

幸福の科学を足場に「保守系の言論人たち」が活躍《かつやく》し始めた

小林　ほかに、そういう人はいますか。

石田研一守護霊　うん？　何？

小林　「このへんの人も撃ち落とされたら、しんどいなあ」という方は。

石田研一守護霊　撃ち落とされたらしんどい人……。

小林　今の反原発運動や、左翼系の運動をしている人のなかで。

石田研一守護霊　うーん……。

小林　以前、丸山眞男《まるやままさお》の霊言とかも出していますけれども（二〇一〇年五月。『日米安保《あんぽ》クライシス』〔幸福の科学出版刊〕第1章参照）。

石田研一守護霊　丸山眞男か。ああ、もう、あのへんからジワジワ、ボディーブローみたいに少しずつ効いてきているよ。丸山眞男もあったし、最近、清水幾太郎《しみずいくたろう》も出してきたよねえ（『核か、反核か』〔幸福の科学出版刊〕参照）。
あれも、安保の問題だろ？「安保闘争《とうそう》が正しかったか、正しくなかったか」って
いうことだよな。今の反原発運動も、安保闘争の再来みたいな感じの持っていき方を
していたから、あなたがたは、まさしく、そこに球を投げ込《こ》んできて、「安保闘争が
正しかったかどうか」のところを検証に入ってきたんでしょ？

小林　ええ。当会だけではなく、いろいろな保守系の言論人たちが、安保の見直しや、
歴史観の見直しに関して、最近、どんどんベストセラーを出し始めていて、歴史の評
価が大きく動き始めています。

石田研一守護霊　そうそう。保守系の言論人が出始めている。

小林　はい。出始めていますね。それに対して、こう言っては何ですが、ずっと化石
のごとく、シーラカンスのごとく……。

石田研一守護霊　いや、そ、そ、そんなことはないけど、まあ……。

小林　シーラカンスは失礼ですけれども、要は、スタンスを変えておられないこの頑《かたく》なさと言いますか……。

石田研一守護霊　いやいや、君らが活躍《かつやく》するというか、大川隆法さんの本が雪崩《なだれ》のごとく出てきて、それに勢いづいて、保守系の言論人たちが本を出せるようになってきたりしているよね。

小林　そうですね。たくさん出ました。

石田研一守護霊　彼らが、テレビに出て、いろんなところで発言ができるようになってきたのは事実だよ。今、そのマーケットが広がってきつつあることは確かだ。

小林　幸福の科学や幸福実現党の人もそうなのですが、そういう保守系の方々を、なぜ、ＮＨＫはコメンテーターとして取り上げないのでしょうか。

石田研一守護霊　いや、おたくのほうに出ている中国系の人のコメントとかは、出したことがあるよ。

小林　それは、若干《じゃっかん》ですよね。

石田研一守護霊　ああ、若干ね。まあ、上手に使って、それを出したことはあるけど。だからね、あなたがたは、意外に、梁山泊《りょうざんぱく》（小説『水滸伝《すいこでん》』の舞台《ぶたい》となった地。優《すぐ》れた人物が集まる場所の代名詞）なのよ。ここに、いろんな勢力が逃《に》げ込んできて、「足場ができた」っていうことで、今、動き始めている。何か一つ、組織がないと、やはり動けないからね。左翼はちゃんと組織があるけど、ここに保守の側の組織が出来上がってきたので、強くなってきている。

「報道姿勢の誤り」を認めずに逃《に》げる石田守護霊

小林　ほめていただいたのはありがたいですが、そのまま話を進める前に、最初の質問に、ぜひお答えいただきたいのです。

石田研一守護霊　（舌打ち）うーん。

小林　ＮＨＫでは、人が替《か》わっても、ポストが変わっても、反日の報道、例えば、従《じゅう》軍慰安婦《ぐんいあんふ》問題、中国礼讃《らいさん》などが、同じように出てくるんですよね。

石田研一守護霊　いや、それはねえ、優等生《ゆうとうせい》の本能じゃないかな。基本的に、優等生っていうのは、突っ込まれたときに逃《に》げられるようにしておくのが本質じゃないか。

小林　先ほど、学者や学問のほうに責任を振《ふ》られましたが、私たちは、それはそれで対決していきたいと思っています。ただ、客観的に……。

石田研一守護霊　でも、それには、基本的に、「歴史学として、何が正当なものと認定されているか」っていうところがあるよな。

小林　少なくとも、「この二年余り、いろいろな影響《えいきょう》があって保守系の言論が増えてきて、自分たちの報道とは違《ちが》う方向に、客観性と価値判断が出てきた」ということに関して、ＮＨＫとしての総括《そうかつ》および修正はなされないのでしょうか。

石田研一守護霊　いや、それは、われわれだけの問題じゃなくて、君らが、どこまで戦えるかということも、今、私は客観的に、レフリーとして見てるのよ。

小林　それを、客観的に報道するのですか。

石田研一守護霊　私は、ファイタ―じゃなくて、レフリーなのよ。

小林　客観的に報道する分にはいいんですよ。ほかの政党と同じように、幸福実現党を、イーブンに、あるいは、フェアに報道していただきさえすれば、公正な競争が成り立つわけですからね。

「原稿《げんこう》を読んでいるだけ」のＮＨＫに責任はない？

石田研一守護霊　私はさあ、大川隆法さんのちょっとだけ先輩《せんぱい》で、二、三歳《さい》上だけどさあ、政治学を教わった先生は、たぶん一緒《いっしょ》だと思うんだよ。

もう丸山眞男の時代ではなかったけれども、大川隆法さんの教わった先生は、篠原《しのはら》一《はじめ》（東京大学名誉《めいよ》教授）で、これは菅直人《かんなおと》のブレーンじゃないか。菅直人の市民運動を応援《おうえん》していたはずだよな。だから、この〝恩師〟と対決していただかなきゃいけない。

また、坂本義和《さかもとよしかず》（東京大学名誉教授）も、同じころに国際政治をやっていたよな。このあたりが、丸山眞男の流れを汲《く》んでやっていたはずなので、「国際政治に関する考え方として何が正しいか」を明らかにするには、大川隆法さん自身が、この先生を打ち倒《たお》さないと、やっぱり駄目《だめ》だと思うんだよね。

高間　先ほどからお話を聞いていると、全部、他人の責任に振っていますよね。

石田研一守護霊　放送局は、そうなんだよ。他人の責任なんだよ。全部、他人が言っているんであって……。

高間　ＮＨＫの責任というのが一つもないではありませんか。すべて、学者の責任や、社会運動の責任にしていますよね。

石田研一守護霊　ええ？　だから、原稿《げんこう》を読んでいるだけで、全然、本人の考えじゃないもん、あれ。

高間　それが、結局、自己保身なんですよ。

石田研一守護霊　そうかなあ。原稿を書いている人は、テレビに出ないもんな。

高間　それが自己保身だと分かっていないのです。

石田研一守護霊　原稿を書いた人は出ない。原稿を読んでいる人は書いていない。だから、誰《だれ》にも責任がないんだよ。

6 「みなさまのＮＨＫ」は本当なのか

「みなさまのＮＨＫ」は偏向《へんこう》放送の嘘《うそ》つき集団？

高間　「みなさまのＮＨＫ」と言いますが、はっきり言って嘘《うそ》つきの集団ですよ。

石田研一守護霊　君ねえ、〝脱藩者《だっぱんしゃ》〟がそういうことを言っていいのか？

高間　いいんですよ。私はＮＨＫに五年いましたが、出てみて初めて分かりました。

石田研一守護霊　こら、〝脱藩者〟め！

高間　あなたねえ……。

石田研一守護霊　ＮＨＫはたくさん人を採《と》るからさあ、変なのも入るんだよ。

高間　「ＮＨＫは偏向《へんこう》放送だ」って言われているんですよ。

石田研一守護霊　あん？

高間　偏向放送というのは、「嘘つき放送」ということなのです。

石田研一守護霊　うーん。

高間　例えば、血に飢《う》えた狼《おおかみ》がいたとして、今から襲《おそ》ってくる危険があるのに、その狼の目だけをフレームアップして、「かわいい動物ですよ」と言っているのと同じなんですよ。

石田研一守護霊　君ね、まあ、それもあるけど……。

高間　それは、はっきり言って嘘なんですよ。

石田研一守護霊　中国では偏向放送っていうのはないし、北朝鮮《きたちょうせん》にも偏向放送っていうのはないんだよ。実は、韓国《かんこく》にだって偏向放送はない。国民から、国家から、報道まで、全部一緒《いっしょ》なんだよ。一本筋が通っていて偏向していないんだよ。

高間　では、はっきり言って、「日本に宗教は必要なのか、必要ではないのか」ということについて、あなたはどう思っているのですか。

石田研一守護霊　だから、それは、山法師《やまほうし》が暴れるようなもので、「これを、なんとして防ぐか」っていうことだな。歴史的に、「賀茂川《かもがわ》の水、山法師、サイコロの目」、この三つをどうやったら支配できるかは、悩《なや》みの種だよな。

だから、今、〝山法師〟が暴れ始めているんだろ？　これをどうしたらいいのかは、ちょっと難しいがなあ。

高間　「宗教を信じていない」というのは、悪なんですよ。

石田研一守護霊　君ねえ、日本はねえ、無宗教の国なんだよ。

高間　今、〝目の見えない人〟が、〝目の見えない大勢の人〟を引きずり回しているのです。そして、穴に落とそうとしているんですよ。

「幸福の科学が皇室と戦って両方とも沈《しず》んでほしい」という本音

石田研一守護霊　でも、君らにはねえ、もう一つ問題点があるんだよ。つまり、君らには、皇室との対決がある。君らの理論で、エル・カンターレなんていうものを持ち上げていったら、皇室とぶつかる。この問題が解決できないかぎり、報道できないんだよ。

小林　いえいえ、日本の歴代天皇は、ずっと、篤《あつ》く仏教に帰依《きえ》しておられましたから、何の問題もありませんよ。

石田研一守護霊　いや、君らの理論から言やあ、エル・カンターレのほうが上に立っちゃうからさ。皇室が下になったら困るじゃない。日本の象徴《しょうちょう》なのにさあ。

小林　いいえ、長い歴史のなかでは……。

石田研一守護霊　あん？　これを解決というか、皇室や右翼《うよく》と戦って勝ちを収めてくれなければ、報道できないじゃないか。

高間　あなたは、幸福の科学を皇室や右翼と戦わせて、「両方とも沈《しず》んでいけばいい」と本当は思っているでしょう。

石田研一守護霊　まあ、そういうことだけどね。

高間　もう、分かるんですよ。

石田研一守護霊　頭はいいんだな。まあ、われわれは、いつも客観的な立場に立つからね。

高間　結局、傲慢《ごうまん》なんですよ。

石田研一守護霊　そんなことはないけど……。

高間　正義に対する愛がないのです。

石田研一守護霊　とにかくだね、「自分が、実際に汗水垂《あせみずた》らしたり、被害《ひがい》を受けたりすることなく、給料をもらって、出世する」っていうのが、いちばん賢《かしこ》い人間の生き方だよな。

高間　それを自己保身の塊《かたまり》と言うのです。

石田研一守護霊　いや、それを言える人は、今の世の中には、めったにいないよな。NHKの放送総局長に対して、「自己保身だ」なんて言えるような人はねえ、もう労働組合の人間ぐらいしかいないよ。

「報道で持ち上げるかどうか」は家柄《いえがら》で決めている

高間　今日、あなたが呼ばれたのは、お釈迦《しゃか》様から、蜘蛛《くも》の糸が垂らされたということでもあるんですよ。

石田研一守護霊　そんなことはないだろう。そうは言ったってさあ、やっぱり、NHKのほうが、君らより影響力《えいきょうりょく》があるだろう。

「報道してくれ」っていうなら報道するけど、毎日、あんたがたの悪口《わるくち》を流したら、もつか？　だから、かわいそうだから言わないんじゃないか。毎日、「今日も、こんな悪いことをしました」「今日もしました」「また今日もしました」って流されたら、こたえるぞぉ。

小林　でも、民主党には、同じようにやらないでしょう？

石田研一守護霊　え？

小林　民主党にはやらないでしょう？

石田研一守護霊　だけど、民主党には、いちおう十何年間の歴史があるしさ。なんで鳩山《はとやま》を三年前に応援《おうえん》したかっていうと、鳩山家は、総理大臣の祖父から、大蔵次官《じかん》や外務大臣をやった親父《おやじ》がいて、兄弟等もみな秀才《しゅうさい》で、日本を代表する家系なので、これはいちおう、持ち上げても大丈夫《だいじょうぶ》な「安全パイ」なんだよ。

小林　家系で決めるんですか。

石田研一守護霊　そうだよ。家柄《いえがら》なんだ。

小林　民主主義の時代に？

石田研一守護霊　何を言ってるんだ。ＮＨＫとか、外務省とか、日銀とか、こんなところで威張《いば》っている連中は、みんな家系でだいたい見るんであってね。そういうものなんだよ。

小林　人間の中身は見ないわけですか。

石田研一守護霊　まあ、いちおう学歴も見るけどね、基本的には、宮澤喜一《みやざわきいち》みたいなものなんだよ。

7　NHKが描《えが》く「日本の未来」

「自民党の総裁が総理になる」と予想している石田守護霊

饗庭　先ほど、「マスコミが、NHKだけではなくて、みんなでいろいろ考えながらシナリオをつくっている」という話をされていましたが、三年前は、「民主党政権にする」というシナリオを描《えが》いていたわけですよね。

石田研一守護霊　うん。それはだいたい合意していたんじゃないかな。産経はどうか知らんけど、まあ、ほかは、ほぼ合意していたんじゃないか。

饗庭　先ほどから話が出ていますように、現在、中国の問題や、北朝鮮《きたちょうせん》の問題、韓国《かんこく》の問題をはじめ、世界中で火の手が上がっているなかで、日本もガタガタしている状《じょう》況《きょう》ですが、今はどんなシナリオを描いておられるのでしょうか。

石田研一守護霊　あの当時、もし、彼らの国に触《ふ》れて、そういう国防問題について言ったら、大変なことになったよ。あちらの口の悪さは、君らだってニュースを見たら分かるだろう？

中国語および韓国語の、あの口の悪さはすごい。もう、「口を酸《す》っぱくして」というのかなんか知らんが、とにかく一方的な非難で、自己保身なんてものじゃないんだよ。彼らは一方的な非難しかしないので、それをガンガンガンガンやり続けられたら、日本人的な、良識を持った穏《おだ》やかな報道では勝てない。こっちだって、悪口《わるくち》は言われたくないのよ。

だから、君らがやっているのは知っているから、「君らに頑張《がんば》っていただきたいな」と、密《ひそ》かに応援《おうえん》をしていたわけよ。それで、君らが、ある程度、撃《う》ち込《こ》んで、強くなってきたら、うちも乗っていって、最後には出ていけるわけだよなあ。

饗庭　今、政局が非常にガタガタしていて、自民党がまたグーッと数を伸《の》ばしてくるのか、あるいは日本維新《いしん》の会が……。

石田研一守護霊　まあ、自民党は、今、強いよ。支持率から見て、自民党の総裁が総理になる可能性は極《きわ》めて高いね。民主党の野田は、ほぼ負ける運命にあると、だいたいみんな見てるよ。

ただ、連立する可能性があるから、民主党をボロボロに全部悪くは言えない。連立した場合は、与党《よとう》になるからね。その可能性があるので、「自民党が過半数を取れるかどうか」と、「大阪《おおさか》維新の会（日本維新の会）がどのくらい行くか」っていう読みを、みんな立てている。麻雀《マージャン》をやる日以外は、飯《めし》を食いながら、そういう予想を立てているんだな。

まあ、自民党のほうは、君らの比較《ひかく》的好きな人を、いちおう推《お》しているから、そのへんで手を打とうじゃないか。それでいいじゃないか。君らは、今のところ、どうせ（総理に）なれないんだから。

今は、「石破茂《いしばしげる》か、石原伸晃《いしはらのぶてる》か」で最後の詰《つ》めをしているところ

饗庭　「具体的に、どのようにするか」というシナリオはあるのですか。

石田研一守護霊　え？

饗庭　例えば、「今回は、日本維新の会を大きく勝たせよう」とか、あるいは、「自民党に戻《もど》していこう」とか。

石田研一守護霊　いや、もう今は、ほとんど絞《しぼ》られていて、「石破《いしば》か石原《いしはら》か、どっちにするか」を、マスコミのなかで、今、協議しているんだ。

饗庭　安倍《あべ》さんという線はなしですか。

石田研一守護霊　安倍の場合は、復活になるからね。日本の政治史においては、「カムバックしてもう一回総理になる」っていうのは、よっぽどのことでもないかぎり許されることではないんだよ。

総理になりたい人が、うじゃうじゃいて、毎年政権交代をしても、それでもまだ納《なっ》得《とく》しないぐらいなんだからさ。新しい人を出さないかぎり、視聴率《しちょうりつ》は取れないし、新聞は売れないし、やっぱり面白《おもしろ》くないじゃないか。

軍事オタク（石破茂）も、普通《ふつう》は人格攻撃《こうげき》をされるんだけど、「その軍事オタクにするか、あるいは、石原にするか」というところだよな。石原も、今、攻撃を受けて弱っている。石原は、はっきり言やあ、親父《おやじ》の七光りだわな。親父がまだ現役《げんえき》でやっているところだからね。

親父のほうは、まさしく上皇か法王だよな。「この親父がいて、息子《むすこ》が天皇になれるかどうか」みたいな感じだからな。まあ、このへんで、今、ちょっとやっているところだ。

ダークホースとしては安倍もいるけど、実際は、議員のなかでの嫉妬《しっと》で引きずり下ろされるだろう。「二回もやるのか。こっちに回せよ」って言われるのが普通だからね。安倍が二回やるのは、朝日も許さないだろうしな。前回、せっかく〝葬式《そうしき》〟を出したのに、また生き返ったっていうのは許さないだろうね。

でも、安倍は、政策的には幸福の科学寄りの政策を採《と》ってきているので、二回目をだいぶ狙《ねら》っているとは思うんだけどね。

今、最終的に詰《つ》めをやっているところだけど、事前に、いろいろと電話調査とか、アンケート調査とかをして、だいたい誰《だれ》が勝ちそうかについては、各マスコミとも予想は立てている。それが、ほとんど外れなくなってきているので、それに基《もと》づいて経営戦略が立つからさ。

ただ、今回は、外国がちょっとからんでおるのでな。「外国との対抗《たいこう》上、誰がよいか」っていう観点が一つ入ったんだよ。だから、あんたがたの仕事も、ちょっと生きているわけよ。あんたがたの読みが、いろいろ入ってきているので、みんな、それをちょっと参考にはしているからね。どこのマスコミも、いちおうな。

まあ、「ファイナル・ジャッジメント」（二〇一二年六月公開の近未来予言映画）の報道をどこもしなかったから、怒《おこ》っとるんだろうけどさ。みんな、いちおう取材はしているんだ。それで、「ほんとだったなあ」って、みんな言ってはいるんだよ。だから、まあ、いちおう分かってはいるんだけど、ただ、君たちが政権を取ることはない。そのことは分かっている。

君らの時代が来るには、まあ、どうだろうねえ……。でも、あれだよ、支持率を取ってみれば、政権を取れないことぐらいはすぐ分かるからさ。

「幸福実現党が独裁政権を目指すのではないか」と疑っている

小林　近いうちに、政権参画の可能性はあると思います。それに関しては、どう思っていますか。

石田研一守護霊　そらまあ、十年以内とか、二十年以内とかなら……。

小林　いえいえ、二、三年以内にはそうなります。

石田研一守護霊　いやあ、二十年以内とか、十年以内とかだろうよ。

小林　政権第一党とは言いませんが、連立に加わる可能性は極めて高いですよ。

石田研一守護霊　だけど、やっぱり、立候補している人たちのクオリティの問題があるよ。やっぱり、選挙民のほうが、もう一つ信用し切れないっていう感じがあるな。立候補者がさあ、教団のためにだけ働こうとしているように見えてしょうがないんだよね。国民のために、奉仕者《ほうししゃ》として働かなきゃね。

小林　ですから、もう少しフェアな報道をしていただければ、そのへんが、より正確に全部見えてくるわけですよ。その前提の上で、議論をしませんかと、こちらは申し上げているわけなのです。

石田研一守護霊　だからさあ、「大川隆法がカダフィみたいになるのか、どうなのか」ということだよな。

小林　それは、公平に報道すれば、良識ある国民には分かることでしょう。

石田研一守護霊　歴史上は、あとは、あのムハンマドか？　あれは軍事政権で国を乗っ取って、宗教をつくったんだからね。そこまで狙っているのかどうかというところを、われらは探《さぐ》っているんだよ。

小林　今は言論と民主主義の時代ですからね。

石田研一守護霊　それを探っているところだから、「自衛隊を乗っ取って、かつて三《み》島由紀夫《しまゆきお》が失敗したやつを、またやろうとしているんじゃないか」と、やっぱり、ちょっとは疑っているわけなんだ。

饗庭　ただ、われわれの主張している中身を見れば分かるように、自由の大切さを訴《うった》え、「みなが繁栄《はんえい》するような社会をつくりたい」と言っているのであって、そんな独裁政権を目指しているわけではないことは明らかですよね。

石田研一守護霊　きれいごとは、いくらでも並べられるからさ。

「こんな日本にしたい」というビジョンは何もない

饗庭　今、「自民党の議席を少し増やそうか」とか、いろいろなシナリオを考えておられるとのことですが、実際に、「こんな日本にしたい」という考えはありますか。

石田研一守護霊　いや、それは何にもないんだよ、ＮＨＫには。

饗庭　ないですよね。

石田研一守護霊　まったくないんだよ。

饗庭　実は、「どうしたらよいのか、ビジョンが見えない」ということですよね。

石田研一守護霊　「その年を、どうやり繰《く》りするか」ということしか考えていないのでね。あとは、「来年の大河ドラマを何にするか」というぐらいしか悩《なや》みはないんだよ、NHKには。

毎日のニュースなんて、「台風が来るか、来ないか」というのと一緒《いっしょ》で、もう何が起きるか分からないし……。

饗庭　石田総局長のみならず、NHKの幹部の方には、だいたい、そういう方が多いと考えてよいのでしょうか。

石田研一守護霊　定年まで給料が出て、出世ができれば、それでいいのよ。

高間　そうは言いつつも、私はNHKに五年間いましたが、「愛国心」という言葉は一言《ひとこと》も聞きませんでしたし、自由主義は、みな大嫌《だいきら》いでした。

石田研一守護霊　まあ、それはねえ、年代が……。

高間　それで、北朝鮮《きたちょうせん》や中国のほうに、ずーっと引っ張っていく気持ちが強いのではないでしょうか。

石田研一守護霊　いや、だから、もう一回、繰り返して言うけど、大川隆法さん自身が、自分らの〝恩師〟と戦って勝たなきゃ駄目《だめ》なんだって。つまり、学問としての政治学や国際政治学のところが駄目で、それが左のほうに寄っているんだからさ。

高間　大川隆法総裁のせいにしないでくださいよ！

石田研一守護霊　だから、戦って勝ってくださいよ。

高間　これは、あなた自身が、「真理や正しい報道を愛しているかどうか」の問題なのです。

石田研一守護霊　大川隆法さんは、菅直人《かんなおと》の応援をするような教授を見限って、学者になるのをやめたんでしょう？　今、結論を見たら、その判断は正しかったでしょう。あれを応援するようじゃ、たぶん駄目だろうからね。組織が全然見えていない人だろうとは思うけど、そういう人が学問の世界で力を持っていたわけだからさあ。

批判を受けないように、いつも〝中道《ちゅうどう》〟を生きている

饗庭　ＮＨＫの場合、「利益」というものはないのでしょうから、あとは、プライドとして「視聴率」が大事なんでしょうけれども、「その年その年を、しのげればいい」という考えだと、どんどん日本が駄目になっていってしまいます。

そうすると、結局、自己保身で考えても、ＮＨＫのみならず、マスコミ全体、日本全体が総崩《そうくず》れになっていきますよ。それでも構わないのでしょうか。

石田研一守護霊　そうじゃなくて、われわれは〝中道《ちゅうどう》〟をいつも生きているわけよ。つまり、強いものはちょっと弱めに見せて、弱いものはちょっと強めに見せれば、だいたい〝中道〟になって、世の中から大きく批判を受けることなく生きていくことはできる。

饗庭　ただ、それは、あくまでも、「日本が平和な国として存続できれば」という前

提での話だと思います。

石田研一守護霊　き、き、君らは、リスキーすぎるのよ。だから、君らを盛り立てたりしたら、それを仕掛《しか》けた本人は、絶対、責任を問われるからね、間違《まちが》いなく。

饗庭　それで、今、NHKがいちばん仲良くしているのは中国なんですね。

石田研一守護霊　博打《ばくち》のサイコロの目と一緒で、「次は、絶対、一が出る」というのを当てるのと同じぐらいの難しさがあるから、君らとはかかわらないのがいちばんいいのよ。

「日本が中国に占領《せんりょう》されたら、中国語で放送する」と嘯《うそぶ》く石田守護霊

饗庭　先ほど、映画「ファイナル・ジャッジメント」もご覧になって、「そのとおりだった」とおっしゃっていましたが、これで、もし、日本が占領《せんりょう》されでもしたら、NHKとしてはどうするのですか。

石田研一守護霊　そのときは、中国語で放送するよ。それだけのことだよ。

饗庭　「中国の属国になって、報道する」ということですね。
石田研一守護霊　うん。まあ、中国語を勉強している人は大勢いるから大丈夫《だいじょうぶ》だよ。頑張るよ。
高間　私がNHKに入って驚《おどろ》いたのは、コネ入社がものすごく多いことでした。
石田研一守護霊　そうなんだよ。
高間　だから、中国系の人もたくさん入っているはずですよ。そうでしょう？
石田研一守護霊　うーん。まあ（笑）、人数が多いからね。それは、差別できないんだよ。
小林　でも、その方々には、中国本土に親戚《しんせき》などがいますよね。
石田研一守護霊　うーん。
小林　ということは、「中国に人質《ひとじち》を取られている方が報道の現場に携《たずさ》わっている」

ということになりますね。

石田研一守護霊　まあ、それほど中国の影響《えいきょう》が強いとは思わないけどね。やっぱり、日本人で、左翼《さよく》的、反日的な意識を持っている人のほうが多いのは事実だと思うな。日教組《にっきょうそ》的な教育を受けて、そういう考えを持っている人が多いと思う。

小林　そういう方を、比較《ひかく》的、多く採用してこられたのでしょうか。

石田研一守護霊　うん。大学の教育学部は、ほとんどが左翼でしょう？　特に国立はね。そういうところで教育を受けてきている人が多いので、だいたい、みんな、それを常識だと思っている。そういう人が多いんだよ。

小林　要するに、石田さんご自身も、そういう思想・信条の持ち主であるわけですね。

石田研一守護霊　そうですよ。あなたがただって知っているでしょう？　大学入試センター試験をはじめ、大学入試問題の現代文は、朝日・岩波系の文化人が書いたものしか出ないんだよ。

小林　最近は、だいぶ傾向《けいこう》が変わってきましたけれどもね。

石田研一守護霊　うーん。まあ、ときどき変なのが書いていたりするけど、だいたい、昔から、「朝日・岩波・東大」というのが一つの流れになっているんだ。

最近、東大は、みんなマスコミに逃《に》げ込《こ》んで本を書かなくなったから、ちょっと分からなくなってきたかな。

小林　今の一連の話をまとめると、要するに、「総理大臣を選ぶのも、世論《せろん》をつくるのも、自分たち次第《しだい》である」ということですね。はっきり言えば。

石田研一守護霊　うーん。

小林　「それを決めているグループが、NHKの経営幹部と、あとは大手マスコミのなかに若干《じゃっかん》いる」ということを、先ほどおっしゃられたのですが……。

石田研一守護霊　いや、われわれはね、大川さんをとっても尊敬しているんだよ。「一人でよく戦っているなあ」と思ってね。

8　NHKにとっての「ライバル」とは

放送免許《めんきょ》制度で守られ、「言いたい放題」でも潰《つぶ》れないNHK

小林　あなたがたのやり方は、客観的に見れば、失礼ながら、傲慢《ごうまん》な態度とまでは言いませんが、普通《ふつう》の営利事業というかね、事業体では成り立たない考え方だと思います。

石田研一守護霊　まあ、潰《つぶ》れないから。

小林　ということは、要するに、「放送免許《めんきょ》制度で守られているから、言いたい放題、好き放題を言っていられる」ということですね。

石田研一守護霊　潰れないからね。国営放送が、JAL《ジャル》とANA《アナ》みたいに二つあって、NHKにライバルがもう一つあったら、ちょっと大変だな。

小林　二つあったら大変でしょうね。

石田研一守護霊　それは大変だ。

小林　それから、いわゆるＮＨＫの設置法をなくして、「ほかの民放とイコールフッティング（同一の条件）でやってください」ということになったらどうしますか。

石田研一守護霊　君らは、ちょっと勘違《かんちが》いしているんだけど、もう通商産業省なんていうのは、この世に存在しないんだよ（注。質問者の小林早賢《そうけん》広報・危機管理担当副理事長は、以前、通商産業省に勤務していた）。分かる？　そんなのをエリートだと思ったらねえ、君ね、もう時代遅《おく》れなんだよ。

小林　いやいや、そんな話をしているわけではなくて……。

石田研一守護霊　今はねえ、もう、ＮＨＫだとかテレ朝だとか、そういうところの偏《へん》差値《さち》が高くて、これが秀才《しゅうさい》、エリートの入るところなんだよ。

小林　いや、それは別にいいんですけれども……。

石田研一守護霊　そんな潰れた役所なんて。もう、そんな廃業《はいぎょう》したところが、偉《えら》そうに言うんじゃないよ。

小林　要するに、新聞が再販《さいはん》制度で守られているように、ＮＨＫは放送免許制度で守られているから……。

石田研一守護霊　それはそうだよ。

「視聴率《しちょうりつ》が取れるかどうか」が判断基準

小林　それで、言いたい放題で、「世論《せろん》は自分たちがつくれる」と言っていますが、こういう仕組みというのは、歴史の流れを見ると、なくなる方向に動いていますよね。

石田研一守護霊　とりあえず、君ら、支持率を五パー（セント）は取れよ。五パー取ったら、ちょっと配慮《はいりょ》してやるよ。「五パーに届くまでは、報道はほとんどない」と思ってくれ。もちろん、事故を起こした場合とか、人殺しをした場合とかは話が違うけどな。

小林　しかし、大阪維新《おおさかいしん》の会は、ゼロパーセントの段階から、ずいぶん報道されていましたね。

石田研一守護霊　いやあ、二、三十パーぐらいの支持率がよく出ていたからなあ。

小林　それは、報道があったから出たものですよね。

石田研一守護霊　まあ、あとからだけど、それだけ人気が……。

小林　マスコミが報道したから、二十パーセントや三十パーセントになったのでしょう？

石田研一守護霊　人気があるんだから、しょうがないじゃないか。民放ですごく人気が出ていたし、キャラクターがさあ、「視聴率《しちょうりつ》が取れる男かどうか」っていうのは、われわれの判断基準としてはすごくあるわけよ。だから、画面に出すと視聴率が上がるんだよ。

大川隆法を出すと、視聴率《しちょうりつ》は取れるが他の宗教が嫉妬《しっと》する？

高間　公共放送が人気で考えては駄目《だめ》でしょう。

石田研一守護霊　だけど、いちおう民放との競争はあるんだから、多少は考えないと。

高間　それなら、受信料を取らずに、ＣＭを取るべきですよ。

石田研一守護霊　民放が流しているのに、うちだけ流さなかったら、やっぱり損するじゃないか。あれは、視聴率《しちょうりつ》が取れるんだよ。

だから、「政治家で、誰《だれ》が出たら視聴率が上がって、誰が出たら下がるか」ということぐらいは分かってるのよ。

高間　それだったら、もう、公共放送である必要はありません。もう民営化したほうがいいですよ。

石田研一守護霊　大川隆法さんも視聴率を取れる人なんでね。それは分かってはいるんだけど、「特定の宗教を応援《おうえん》した」というレッテルを貼《は》られると、やっぱり国民の大多数から総スカンを食って、受信料をもらえなくなる可能性があるから、できないのよ。

高間　「言っている内容が、正しいか正しくないか」ということで判断するのが、報道のあるべき姿ではないですか。

石田研一守護霊　だって、ほかの宗教の嫉妬《しっと》ってすごいんだよ。だから、新聞社だって、ほんとは困っているんだ。あんたらの本ばっかり宣伝しているから、ほかの宗教からのやっかみをすごく受けているらしいよ。でも、本が出続けているから……。

饗庭　ほかの宗教は、本を出せないからしかたがないですよね。

石田研一守護霊　まあ、そうなのよ。書くことがないらしいよ。だいたい、古いからね。

電通は、「自分たちがすべてを牛耳《ぎゅうじ》っている」と見せかけている？

饗庭　先ほどもお話がありましたように、ＮＨＫは、自分たちが日本の中枢《ちゅうすう》にいて、本当にいろいろなことを決めているような感じですが、ＮＨＫにとって、ライバルはいますか。

石田研一守護霊　ＮＨＫにライバルは存在するだろうかねえ。

饗庭　例えば、同じメディアとしてのライバルはいますか。

石田研一守護霊　もちろん、民放では、視聴率の高い代表的な番組とかはあるし、「年末の『紅白』が民放の番組に勝ったか負けたか」みたいなのは出るから、まあ、同業者がいないわけじゃない。

それから、違うメディアでも、確かに、たまには週刊誌に刺《さ》される場合もあるし、大手新聞にやられることもあることはある。

だから、どこも、ある程度、似通ってはくるんだけど、特オチ（どの報道機関でも報道されていることを、報道できずに落としてしまうこと）が、やっぱりいちばん怖《こわ》いからね。特ダネみたいなものを落とすと怖いから、「出すときは一緒《いっしょ》に出し、出さないときは一緒に出さない」みたいなことが多いね。

饗庭　例えば、民放は日本に何局かありますが、ある意味で、民放を一つに束《たば》ねて括《くく》っているのは電通だと思います。電通の存在は、ＮＨＫからはどのように見えるでしょうか。

石田研一守護霊　うーん、君らは、わしになんか失言をさせようとしているんだろうけども……。

饗庭　いえいえ、そうではなくて、教えていただきたいと思っているだけです。

石田研一守護霊　まあ、電通については、うちはそんなに……。

饗庭　利害はないと思うので、率直《そっちょく》に、いろいろ教えていただければと思います。

石田研一守護霊　利害というか、まあ、コマーシャルを回してもらっているわけじゃないけどね。

だけど、電通をあんまり過大評価しちゃいけないと思うよ。電通にも、やっぱり、なんていうかなあ、きっちりしたポリシーはないわなあ。営業マンの塊《かたまり》みたいなところだからね。出版・放送関係の「ノルマ証券」みたいなものが電通だよ、はっきり言やあな。まあ、厳しいことは厳しい体質らしいけどね。

電通がすべてを牛耳《ぎゅうじ》っているように見せているのは、たぶん、彼らの作戦、宣伝であって、実際は、すべてを仕切れてはいないよ。実際には、そんなことはない。そう見せるのがうまいだけだ。

小林　そうすると、電通の後ろにもう一つバックがあるわけですね。

石田研一守護霊　いや、「電通のバックにいる」というわけでは……。

小林　「影響力《えいきょうりょく》を与《あた》えている」ということですか。

石田研一守護霊　いや、それをしているのはスポンサーなんじゃないの？

小林　電通を、一つのツールといいますか、エージェントとして使っている、今おっしゃったような方々が影響を与えているわけですか。

石田研一守護霊　うーん、まあ、日本ていうのはねえ、意思決定がどこでなされているかが、非常に分かりにくい国なんだよね。

小林　はい。それが問題であると、今、言われています。

石田研一守護霊　だから、もうねえ、君らは、私らのせいにするんじゃなくて、やっぱり大川隆法さんがオピニオンリーダーとして日本で認められるように、自分で頑張《がんば》られるほうが私は早道だと思いますね。

ＮＨＫの〝御本尊《ごほんぞん》〟は「日本の国体」なのか

小林　これまでのお話を総合すると、ＮＨＫの報道方針や編集方針、番組編成方針に関しては、石田さんの言葉を借りれば、「自分が事実上の『天皇』であり、私が仕切っている。私が決めている」というような発言があったと理解してよいでしょうか。

石田研一守護霊　いやあ、単に順繰《じゅんぐ》りで、玉突《たまつ》き人事で交代になるから、私は別に「天皇だ」なんて思っていないよ。天皇は、そんなに短期で退位しないから、まあ総理大臣だよ。

小林　「ＮＨＫの総理大臣だ」ということですね。

石田研一守護霊　うん。天皇じゃない。総理大臣だよ。

小林　あなたに訊《き》けば、だいたいのことは分かるわけですね。

石田研一守護霊　うん。総理大臣です。

高間　天皇に当たるような人はいるのですか。

石田研一守護霊　本当は、会長が天皇でなければならないんだけど、象徴《しょうちょう》だからね。

ああ、だから会長は象徴なんだな。

小林　でも、かつては、実質の伴《ともな》った会長がいましたよね。

石田研一守護霊　まあ、そうだねえ。うーん、まあでも、バックボーンにあるのは、日本国政府としての国体だと思うよ。ＮＨＫのバックボーンにあるのは、実は、日本国の国体だと思う。

だから、今は、ちょっと民主党でぶれたけども、自民党が野党を三年やるというのは初めての経験で、以前は九カ月ぐらいだったよな。だから、今までは日本の国体は自民党だったわけだけども、今、民主党にぶれているわけだね。でも、野田さんも、自民党とあまり変わらなくなってきているから、二年ぐらいで、また戻《もど》ってきたと言うべきかもしれない。

その動向については、敏感《びんかん》に察知はしているよ。だから、国体が、やっぱりＮＨＫの〝御本尊《ごほんぞん》〟だよ。うん。

「実現党を報道しないのは悪意ではない」と言い張る石田守護霊

小林　われわれが、直接、関心を持っているのは、ＮＨＫの報道姿勢のところですので、これで、だいたい概略《がいりゃく》をお伺《うかが》いできたのではないかと思います。

もう少し具体的なところに関しては、例えば、報道局長あたりに訊くと、もっと細かい話をお伺いできるのでしょうか。あるいは、訊くまでもないという感じでしょうか。

石田研一守護霊　いや、まあ、君らも、分かりにくいことを、うじゃうじゃ言うからさ、もっと具体的に言ってやるよ。

尖閣《せんかく》諸島に泳いでいって、歌を歌ったのは、おたくのＴＯＫＭＡ《トクマ》（歌手。幸福実現党員）だろうが。

小林　そうですよ。

石田研一守護霊　そんなのは、もう分かっとるわ。とっくに調べはついてるんだよ。ただ、「（幸福実現党の）名前を出さずに、『日本人が二名』とか、『東京の自由業の人が』とか言ってやっているのが、善意か悪意か」の判定は、そんな簡単なことではないんだよ。君らにとって、マイナスになることだってあるわけだからね。

小林　そして、「ＮＨＫにとっても、プラスかマイナスか」を考えているわけですね。

石田研一守護霊　下手をしたら、中国十三億人の怒《いか》りが、この小さなビル（幸福の科学総合本部）に全部向かってくることだってあるわけだからね。

卵をぶつけられて、窓を割られたら、どうするんだよ、明日から。

小林　そのへんの判断は、石田さんがされているわけですか。

石田研一守護霊　え？　いやいやいや、知り……、それは……、それは知りません。NHKの総意です。はい。

小林　とすると、やはり、〝総理〟の下には〝大臣〟がいますから、そういうことは報道局長あたりに訊いたほうがよいわけですね。

石田研一守護霊　まあ、そうかもしらんし、つかんでいても言わないことがある。

でも、言わないことが、全部悪意とは限らない。君たちが焼き討《う》ちに遭《あ》うことを、私は望んでいないんだよ。中国のあの体質を見たらねえ、焼き討ちをするに決まっているでしょう？　君たちを守っているんだよ。

小林　もう少し細かなディテールについては、報道局長にお伺いしますが、それで、よろしいでしょうか。

石田研一守護霊　うん、分かった、分かった。じゃあ、訊いてくれよ。私のほうが地位が上だから、たぶん、立派なことを言ったと思うよ。うん。

小林　どうもありがとうございました。

大川隆法　（石田研一守護霊に）ありがとうございました。

まあ、こんなものでしょう。予想されたぐらいのレベルでしたね。

第2章

ＮＨＫ報道局長・森《もり》永《なが》公《こう》紀《き》氏守《しゅ》護《ご》霊《れい》インタヴュー

二〇一二年九月十九日　収録
東京都・幸福の科学総合本部にて

1　あらためて「幸福実現党を報道しない理由」を問う

実権を握《にぎ》っていると思われる「森永氏の守護霊」を招霊《しょうれい》する

大川隆法　次の人は違《ちが》うことを言うでしょうか。

ＮＨＫの報道局長は、森永公紀氏です。石田氏は全体を総覧している人なので、具体的なことは、この人がつかんでいる可能性があります。

森永氏は、昭和二十九年生まれであり、現在、五十八歳《さい》です。昭和五十五年、ＮＨＫに入局し、経済部記者になっています。基本的に経済が強いようです。経済部長を経て、今、報道局長を務めています。

よし、分かりました。

それでは、今の総局長の下にいて、おそらく、実権を握《にぎ》っていると思われるＮＨＫの報道局長・森永公紀氏をお呼びしたいと思います。

（瞑目《めいもく》し、両手を左右に広げ、手のひらを上に向ける）

ＮＨＫ報道局長・森永公紀氏の守護霊を、幸福の科学総合本部にお呼びいたします。ＮＨＫ報道局長・森永公紀氏の守護霊を、幸福の科学総合本部に招霊《しょうれい》いたします。

（約二十秒間の沈黙《ちんもく》）

森永公紀守護霊　うーん。

小林　失礼いたします。森永公紀ＮＨＫ報道局長の守護霊でしょうか。

森永公紀守護霊　うーん？　君らは何だね？

小林　今日は、幸福の科学総合本部にお越《こ》しいただき、ありがとうございます。

森永公紀守護霊　宗教に用はないよ。報道しないから。

小林　その感じですと、今の石田氏守護霊とのやり取りは、だいたいご覧になっていたようですね。

森永公紀守護霊　まあな。

小林　その話の続きになりますが、幸福実現党員が尖閣《せんかく》諸島に上陸したことについて、昨日《きのう》から今日にかけて、ＮＨＫやテレビ朝日などで報道されていますが、「幸福実現党の名前を出したり、出さなかったり」というあたりの判断は……。

森永公紀守護霊　いやあ、選挙のときは出してるよ。「幸福、ゼロ」とか言うて、ちゃんと出してるじゃないの？　だから、「報道してない」なんて、まったくの嘘《うそ》だよ。それは、まったくの嘘だ。選挙のときに、「はい、幸福、ゼロ」「ゼロ」「ゼロ」「ゼロ」って、ちゃんと出してるじゃないか。うちは公平だよ。

小林　今のは選挙結果の話です。

森永公紀守護霊　うん、結果ね。そうそうそう。

宗教にしては政治・経済に詳《くわ》しいので驚《おどろ》いている

小林　私が訊《き》きたいのは、選挙結果の話ではありません。今回、上陸した二人のうち一人は「薩摩《さつま》志士の会」の方のようですが、そういう、世の中の人がほとんど知らない地域政党の名前は出したのに、幸福実現党については出しませんでしたよね。

そういったあたりの判断の理由といいますか、経緯《けいい》を教えていただけると、ありがたいと思います。

森永公紀守護霊　私も、経済部記者というか、そちらのほうが長かったし、おたくは、宗教としては経済とかに詳《くわ》しいので、驚《おどろ》いてはいるんですけどねえ。

それはすごいよ。われわれの考える宗教とは違うのでね。宗教なのに、経済も政治も言うだろ？　国際情勢も言うだろ？　個人的な資質の問題なのかもしれないけど、「まこと、これが宗教なのか」「宗教と思って報道して本当にいいのか」と。

つまり、「まだ、われわれに分かっていない、秘儀《ひぎ》の部分が裏にあるかもしれない。表に出てる部分だけを報道したら、何か間違いを犯《おか》すのではないか」という気もしないでもないんだなあ。

小林　そうすると、大川隆法総裁や幸福の科学が「増税をすると税収が減る」と発信しているのを見て、本当は、少し目が覚《さ》めたようなところがあったのでしょうか。

森永公紀守護霊　いや、NHKだって受信料を上げたいよ。上げたいけど、上げたら払《はら》わない人が増えてくる。

小林　それは、身をもって知っておられるわけですね。

森永公紀守護霊　受信料の取り立て人をいっぱい抱《かか》えると、また経費がかかるから、「どこまで強引《ごういん》に取るか」というのは難しい問題だな。これは税務署員を増やすのと一緒《いっしょ》だからね。このへんは難しいよね。

とにかく、アゲンストの風が吹《ふ》くと、NHKは困るわけよ。本当に受信料を払ってくれなくなってくるから。やっぱり、「常にいい顔をして、できるだけ八方美人《はっぽうびじん》をする」というのが、NHKの基本体質だね。

宗教だけじゃないんだよ。産業界だって嫉妬《しっと》するんだ。「何とかスペシャル」みたいな感じで、特定の企業《きぎょう》だけに入れ込《こ》んだりすると、必ず嫉妬するから、「いかに、ほかの企業とうまく組み合わせてやるか」を考えなきゃいけない。
日曜の大河ドラマだって、舞台《ぶたい》を、毎年、いろんな県に替《か》えていってるでしょう？
全国万遍《まんべん》なく、いろんな所が映るようにしてるけど、これがＮＨＫなんだよな。

報道しないのは、幸福の科学がつかみ切れないから？

小林　私が訊きたいのは、そもそも報道しないことに関する理由とご見解についてです。

森永公紀守護霊　だからね、幸福の科学が分からないんだよ。つかみ切れないんだよ。ある程度、表に出ている部分は理解できるんだけど、「われわれの理解で、本当にそのように伝えていいのかどうか」が分からないんだよなあ。

小林　逆に言いますと、全体像については、いちおう理解があるわけでしょうか。

森永公紀守護霊　いや、表側の、われわれが報道で扱《あつか》うような内容については、ある程度、判断できないことはない。だけど、裏にある「いろんなものが霊界《れいかい》世界から降りて……」ということになると、報道の範囲《はんい》としては、ちょっと厳しい。

小林　ということは、政治的なメッセージというか、政策の中身に関しては、理解や認識、解釈《かいしゃく》はできるわけですね。

森永公紀守護霊　まあ、それは、すぐ判断してもいいんだけども、こういうものには、一定の期間、じーっと見ないと分からないところがあるんだなあ。

小林　ただ、ネパールやインドでは、すぐに報道しましたよ。

森永公紀守護霊　うん？

小林　大川総裁がネパールとインドに行かれたとき、現地のテレビ局は、報道するかしないかをすぐに判断し、総裁の講演会をテレビで生中継《ちゅうけい》しました。日本の放送界というか、ＮＨＫでは報道されませんが、海外では報道されているのです。

森永公紀守護霊　ＮＨＫはね、「これを報道しない」と決めるところで、だいたい見識を問われているんだよ。ＮＨＫが報道しなかったら、みんな、「ああ、なるほど。

これは報道しないのか」と思うわけだ。そういうところで、見識があるかどうかが見られるんだよ。

小林　では、「これは報道しない」と決めているのは誰《だれ》なのでしょうか。

森永公紀守護霊　誰だろうねえ。

小林　例えば、実現党の件に関しては、どうでしょうか。

森永公紀守護霊　実現党に関しては、やっぱり、あんたらは、党首がころころ変わったのを報道されたら、たぶん困っただろう？

小林　政策の中身に関してはどうですか。

森永公紀守護霊　政策の中身は、あんなに本をいっぱい出されたって、読めるわけないし、みんな分からないからさ。読んでる人も少ないだろう。特に、霊言《れいげん》というので出されると、「国民的認知をどこまで得てるか」という問題があるからさ。

新聞は、よく、あれだけ踏《ふ》み切って広告を打つよな。よっぽど経営が苦しいんだろうな。

小林　新聞は、それでも競争にさらされていますからね。

森永公紀守護霊　それは、そうだけども、「あの朝日を落とした」というのは偉《えら》いと思うよ。朝日に、霊言集の広告を載《の》せさせたのは、われわれにとっても驚きですよ。あんな唯物論《ゆいぶつろん》の我利我利亡者《がりがりもうじゃ》みたいなところをよく落としたよな。大したもんだわ。

「とにかくリスクを冒《おか》したくない」というＮＨＫの報道姿勢

高間　私がＮＨＫにいたころ、「絶対に訴訟《そしょう》に巻き込まれないように。訴訟に巻き込まれても、絶対に負けないように」と、これだけは口酸《くちす》っぱく言われたのですが、結局、これは自己保身ですよね。

森永公紀守護霊　ＮＨＫというのは、優等生《ゆうとうせい》でなきゃいけないわけよ。だから、小学校や中学校に行くと級長さんをするような人を、集めなきゃいけないね。

高間　日本が、今、危機にあるなか、自己保身で、「国民はどうなってもいい」というのは明確な悪ですよ。それは、お分かりになりませんか。

森永公紀守護霊　君ぃ、すごく断定的に言う。やっぱり宗教って、すごくきついなあ。断定的だなあ。「悪」っていうのを簡単に使ってくれるなよ。

あのー、何だ？　オバマさん登場のときから、私は、「経済判断等はけっこう鋭《するど》いな」とは見ていたよ。大川さんが、いち早く、アメリカが傾《かたむ》くのを見抜《みぬ》いていたね。われわれは、そういう共通認識は持ってる。見抜いたのは、たぶん、大川さんが世界でいちばん早かったと思う。

それから、ウォール街の金融《きんゆう》危機があったね。リーマン・ショックな。あのとき、「大恐慌《だいきょうこう》は起きない」と言った。あの一言《ひとこと》の衝撃《しょうげき》は、すっごく大きかったですよ（二〇〇八年十月五日の法話《ほうわ》「ニューヨークで考えたこと」での発言。同法話は『朝の来ない夜はない』〔幸福の科学出版刊〕第2章所収）。

これは知ってる。知ってる。「そう言ってる」ってことは知ってる。

小林　分かってはおられるわけですね。

森永公紀守護霊　「大恐慌は起きません」って言ったのは、その日のうちに、われわれの耳に入っている。あれは、テレビでは、とても言えないことだ。

高間　そういうことを言って国民を安心させるのが、テレビの使命ではありませんか。そこは勇気を出さないと。

森永公紀守護霊　それにはリスクがある。先ほどのサイコロとまで言わないけども、十円玉の表と裏ぐらいのリスクが……。

高間　それでクビになったとしても、いいではありませんか。

森永公紀守護霊　いや、それはよくない。よくない。それはよくない。家族を守らなきゃいけない。そんなわけにはいかないですよ。君がクビになっても構わないけど、私がクビになったら困るんですよ。

高間　そこに命を懸《か》けるのが、本当のマスコミ人ではありませんか。

森永公紀守護霊　それは、マイナーなマスコミがやるべきことなんですよ。日本のテレビは、ちょっとメジャー化しすぎてるんだ。今、少数で寡占《かせん》状態ではあるけども。

高間　それは分割《ぶんかつ》するべきですね。

森永公紀守護霊　どこも大きいから、リスクを冒《おか》したくないのね。ちっちゃいテレビ局が、「潰《つぶ》れても構わないから、マイナーなところを攻《せ》める」というのなら、やれるんだけどね。

「国民が関心を持たないこと」は情報発信しないＮＨＫ

小林　もう少し、具体的なところをお訊きします。

これから「選挙の季節」に入っていこうとしています。そうなると、また選挙報道のテーマが出てくるわけですが、「幸福実現党が三年前から発している警告が現実になりつつある」という客観的な事実を見て、今後、ＮＨＫさんとしては、幸福実現党に対して、どのような報道ポジションをとられるつもりでしょうか。

次の選挙では、「幸福実現党の全面特集をしてほしい」とまでは申し上げませんが、

「少なくとも、ほかの政党とイコールフッティングで、扱うべきだ」と考えておりますが。

森永公紀守護霊　君ね、NHKにだって感情はあるんだよ。人間みたいだけど、NHKにだって感情はあるんだよ。

だからさ、ニュースで、中国の海洋艦《かいようかん》かなんかが、十何隻《せき》、ザーッと二列で向かってくるのを見たら、NHKだって震《ふる》え上がるのよ。「こんなことが現実にあっていいのか」っていう感じはあるよ。

君らは、六月に「日本占領《にっぽん》」とか「日本奪還《だっかん》」とか広告しまくってたよなあ。「そんなアホな」っていう感じはあったけど、実際に竹島《たけしま》と尖閣にやって来たから、「うわあ、すげえなあ。嗅覚《きゅうかく》がすごいなあ」という感じは、はっきり言って受けてるよ。

小林　そうでしょうね。

森永公紀守護霊　すごいよ。中国や韓国《かんこく》があんなことをするとは思わなかったしさ。中国のデモも、あのすごさは、ちょっと常軌《じょうき》を逸《いっ》しているよな。日系企業と言ったたって、中国でつくった会社だから、中国の資産になってるし、働いてるのも中国人じゃないか。中国の製品だし、保険も中国から下りるんだから、中国人の損になることをやりまくって、ＰＲしてるわけだ。

だから、「ここまでやるか」っていう、衝撃は衝撃なんだよ。「中国は、そんなにひどいことを平気でやれる国だったのか」っていう衝撃とか、「韓国の大統領は、あんなことを平気でやれるのか」っていう感じとかね。

小林　ええ。今、その事実が明らかになってきているわけです。そのことに関連して、「国民に適切な判断材料を提供する」という観点では……。

森永公紀守護霊　いや、そんなのする必要ない。あんたがたは新聞で広告してるんだから、それでいいじゃないか。それを見て買えば、分かるじゃないか。

高間　ＮＨＫしか見ない人も大勢いますよ。ＮＨＫを見て、全部、判断している人も、国民には大勢いますよ。

森永公紀守護霊　ＮＨＫしか見ない人は、山間部の人たちだから、新聞は読まないし、本屋がないから、本も読まないんだよ。だから、関係ないんだ。

高間　その言い方は無責任です。

森永公紀守護霊　そんなことはないです。国民全体に責任を持ってるから、情報発信はしてるよ。彼らが関心を持たないことについて発信してないだけであってね。

報道の判断責任は、結局、誰《だれ》が取っているのか

小林　それは誰《だれ》かから指示を受けているのですか。

森永公紀守護霊　おお？　指示なんて、そんなの……。ＮＨＫっていうのは、やっぱり、巨大《きょだい》な知性の集まりだから、みんなの総意が出てくるわけよ。

小林　判断責任は誰が取っているのですか。

森永公紀守護霊　日本っていうのは、そういう突出《とっしゅつ》した人がいてはいけないんだよ。烏合《うごう》の衆《しゅう》で、誰が判断してるか、分からないようなのが、いちばん！

（小林に）君ぃ、役所で経験したんじゃないの？

小林　判断に参画している人は、今日、お呼びした、お二人プラス、誰ですか。

森永公紀守護霊　私は、別にそんな大した判断はしてません。今は、部下を自由闊達《かったつ》に活動させてるだけだからね。

小林　三年前の選挙（二〇〇九年衆院選）で撮《と》った幸福実現党に関する映像が、NHKの倉庫には、そうとう積み上がっていると思いますが。

森永公紀守護霊　幸福の科学が、ものすごく偉くなった場合と、ものすごく悪くなった場合には、特集を組みますよ。そのための資料なんだからね。

ものすごく偉くなった場合、例えば、総理大臣でも出したら、そのときに出るかもしれない。それから、ものすごいテロ事件を起こした場合にも、特集を組むかもしれない。あらゆる場合に、備えていますけどもね。

2　幸福の科学に対する率直《そっちょく》な感想

思うように踊《おど》ってくれない幸福の科学は「面白《おもしろ》くない」

小林　「報道の公平性」というか、「客観的なイコールフッティングでの取り扱《あつか》い」というのは、考えていないのでしょうか。

森永公紀守護霊　俺《おれ》は、さっきの人より立場が下だから、もっと正直に言ってやるよ。要するに、「俺たちが踊《おど》らせられる人」が好きなのよ。はっきり言やあ、「踊らそうと思ったら、踊ってくれる人」が好きなのよ。

あんたらは踊ってくれねえから、面白《おもしろ》くないのよ。自分らの考えがあるから、踊らないだろう?

大阪《おおさか》の橋下《はしもと》なんか、火をつけたら、いくらでも踊るんだよ。それが面白れえんだ。(橋下氏が）パーなのは、みんな知ってる。だけど、面白い。つついたら、勝手に動き始めるから、面白いんだよ。もう、キャバレーかなんかで、酒を飲んで踊ってるような感じだよ。その程度に見えてる。だから、面白いんだよ。

それが、国民のレベルにちゃんと合ってるの。ＮＨＫの知性から見たら、その程度にしか見えてないのよ。

政治家っていうのは、その程度の人材でいいの。

饗庭　その結果、日本が、どんどんボロボロになっていって、傾《かたむ》いていったら、良心は痛みませんか。

森永公紀守護霊　いやあ、それは政治家の責任だよ。ＮＨＫの責任じゃない。政治家が責任を取るべきだよ。落選して、責任を取りゃあいいんだ。

良識のある人は、ＮＨＫからスピンアウトしていく？

高間　ＮＨＫのなかにも、心ある人、真実を愛する人がいるはずです。

森永公紀守護霊　君のような？　エッヘッヘッヘッヘッヘ。

高間　私は、ＮＨＫにいたとき、仲間と酒を酌《く》み交《か》わしながら、ＮＨＫの将来や報道のあるべき姿についてよく語り合ったものです。そういう人たちが、必ず、幸福の科学の内容に理解を示して、あなたを〝斬《き》り殺し〟に行きますよ。

森永公紀守護霊　それは危ない。ひどいやつだなあ。

高間　そのとき、気持ちよく〝斬り殺されて〟ほしいですね。

森永公紀守護霊　いやあ。

高間　きっと〝ＮＨＫ維新《いしん》〟が起きますよ。

森永公紀守護霊　いやあ、起きない。絶対起きない。絶対起きないよ。日本国が潰《つぶ》れないかぎり、ＮＨＫは絶対潰れない。日本国が沈没《ちんぼつ》したときは、ＮＨＫも沈没するかもしれないけど、それまでは、潰れない。

高間　私は、三島由紀夫《みしまゆきお》のように、「ＮＨＫの良識ある職員よ、決起せよ！」と言いたいと思います。

森永公紀守護霊　ああ、無理だね。そういうタイプの人は、NHKに入らないことになってるんだ。君らみたいな間違《まちが》えたのが、たまに入るけど、スピンアウトするからいいのよ。

小林　NHKさんでも、取材現場で見かける三十歳《さい》前後までの方には、よく分かっている人がけっこういらっしゃいますね。

森永公紀守護霊　彼らから見たらさあ、大川隆法さんは偉《えら》く見えるのよ。

小林　いや、年齢《ねんれい》の問題ではなくて……。

森永公紀守護霊　偉く見えるんだけど、俺だって、ライバルを張れるぐらいの年齢なんだから、俺のことを尊敬したって構わないんだけどさ。

ま、俺らは、いつも、人の褌《ふんどし》で相撲《すもう》を取ってて、自分たちの言論で仕事はしてないからね。

「結論を先に予言してくる大川隆法には敵《かな》わない」という本音

小林　では、内容に関しては責任を負わないのですか。

森永公紀守護霊　え？　だから、誰《だれ》がやってるか、分からないでしょ？　あんな公共放送なんて、いったい誰がやってるか、一般《いっぱん》の人には分からないんじゃない？　内部の勤務評定以外ないんだから。

小林　自分たちの思うように踊ってくれて、それで楽しければいいわけですか。

森永公紀守護霊　（饗庭に）君ぃ、素質があるよ。橋下みたいになれる素質がある。だから、もうちょっと頑張《がんば》れよ。そういうスーツを着たらいけないんだ。君は、皮衣《かわごろも》で腰《こし》のまわりを巻いて踊れば、すごく似合うよ。荒縄《あらなわ》を巻いて、墨《すみ》を塗《ぬ》ってやってもいい。ああ、あれは女か。

まあ、ちょっと変わった格好でもして、人気を取ったらいいよ。君ぃ、才能あるわ。視聴率《しちょうりつ》が取れるかもしれないから、もう一頑張りだな。

だから、幸福の科学は、ちょっと生意気なのよ。

饗庭　しかし、マスコミに乗せられて踊る人だけを報道していたら、日本は大変なことになりますよ。

森永公紀守護霊　大川隆法は、全然、乗らないもんな。

饗庭　乗りませんよ。

森永公紀守護霊　乗らないんだ。乗らないというより、先に「結論」を言ってくるからさ。

それを違うようにしようと、われらが一生懸命《いっしょうけんめい》に頑張っても、結局、そちらへ戻《もど》っていくんだよな。(大川隆法の言う)結論のほうに向かっていくんだ。これには敵《かな》わないなあ。

小林　そのことは十分に認識されているわけですね。

森永公紀守護霊　うん。それは分かってんだよ。

「こうなる」って、結論を先に予言してくるんだけど、みんな、「そんなバカな」っていう感じがあってさあ。ただ、いちおう意識しながら、いろいろ見てて、しばらくすると、そちらのほうに引っ張っていかれるから、これについては敵わんですね。
まあ、でも、それは宗教家の使命だからさ、自分で宣伝したらいいんじゃない？　予言者は、みんな十字架《じゅうじか》に架かったりして宣伝してるんだろう。

幸福実現党に「接待」を要求する森永守護霊

小林　今後は、あなたの部下から提案や映像なども上がってくるでしょうから、幸福実現党の扱いについて、次回は、もう少し、お考えいただいてもよろしいのかなと思うのですが。

森永公紀守護霊　でも、君たちにも原因はあるんだよ。君たちにも、都合《つごう》のいいとこは流したくて、都合の悪いとこはブロックしようとする傾向があるじゃない？　その意味での付き合いの悪さは、やっぱり、あるよな。とっても頑固だよ。

小林　宗教は、酒を飲んだり接待をしたりはしませんから、「付き合いが悪い」と言われれば、それはそうかもしれません。

ただ、今は、そういう話ではなくて……。

森永公紀守護霊　（饗庭を指して）こんな人は、酒を飲むのが絶対好きだよ。だから、いくらでも許可すればいいわけよ。

小林　いや、許可していますよ。

森永公紀守護霊　交際費を出してやればいいわけよ。

小林　交際費も、必要な分は用意しています。

森永公紀守護霊　月三百万円ぐらいでも金をやったら、マスコミを接待して、「こりゃこりゃ」って一緒《いっしょ》になって遊び始めるからさあ。それをやらせればいいのよ。

小林　もう少し接待してほしいわけですね。

森永公紀守護霊　接待してほしいのよ。

小林　分かりました。

森永公紀守護霊　われわれも、下っ端《ぱ》のときには、役所のお役人とかを接待してるけど、偉くなったら、今度は接待されるのよ。

小林　それは分かります。

森永公紀守護霊　今度は接待されるほうになるわけよ。「うちの先生を、ひとつ、偉くしてください」って、どこからともなく金が出てきて、接待してくれるわけだ。「うちの先生を、ひとつ、次の大臣にお願いします」と、こう来るわけよ。

3 「中国の脅威《きょうい》」をどう捉《とら》えているのか

NHKは今、蛮勇《ばんゆう》を奮《ふる》って「島根県の竹島《たけしま》」と連呼している

饗庭　あなたもご存じのように、日本は今、本当に中国にのみ込《こ》まれようとしているではありませんか。

森永公紀守護霊　うん？　違《ちが》う違う。いやいや認めないよ。

饗庭　ですから、そうさせないためにも、幸福実現党を……。

森永公紀守護霊　いや、そうさせないように、NHKも今、全力でやってるんだ。「冷静な判断をしましょう。客観的に冷静な判断をして、双方《そうほう》の国家が仲良く発展できるようにしましょう」って、一生懸命《いっしょうけんめい》、そういう絵を描《えが》いてますよ。

饗庭　実際のところ、日本よりも、中国のほうが、個人的には好きなのですか。

森永公紀守護霊　それは、日本のほうが……。やっぱり、（ＮＨＫのある）渋谷《しぶや》が存在するほうがいいよ。君らの映画じゃないけど、渋谷が、日本の〝原点〟だからさ。そらあ、あったほうがいい。

饗庭　しかし、今のような報道姿勢を取り続けると、渋谷で遊ぶこともできなくなってしまうと思います。

森永公紀守護霊　いや、そんなことないですよ。ＮＨＫは、蛮勇《ばんゆう》を奮《ふる》って、「島根県の竹島《たけしま》に、韓国《かんこく》の大統領が上陸した」と何回も連呼してるんです。これは、すごいんです。

饗庭　愛国心があると？

森永公紀守護霊　ＮＨＫとしては、アジ演説並みにやってるのよ。

饗庭　「愛国心がある」ということですね。

森永公紀守護霊　「あれだけ島根県を連呼する」って、めったにないことだからね。うん。今、それをすごくやってる。

「中国は日本に〝アメとムチ〟を使い分ける」と読む森永守護霊

饗庭　しかし、本当に怖《こわ》いのは、韓国ではなく、中国です。中国については……。

森永公紀守護霊　今のところ、勝てる見込みが立たないかぎり、中国とは戦いたくない。まあ、日米同盟があるかぎり、いちおう「安全だ」とは思ってるけども、中国政府が、現地の日本の報道機関をいじめるのを守るところまでは、アメリカはやらないのでね。それは無理だ。デモをやられたり漁船が出てきたりしても、アメリカとしては軍隊を出せない。そういうやり方だよな。

デモで自主的に暴《あば》れた。あるいは、漁船が旗を振《ふ》って漁に来た。こんなのは、アメリカにとって軍隊を出しにくい状況《じょうきょう》だよな。よう考えてやってるよ。

小林　そうすると、「自衛隊が、現地の邦人《ほうじん》や報道機関を保護する」ということを、政策として、しっかり打ち出してくれれば、もう少し、報道の仕方を考え直してもよいわけですか。

森永公紀守護霊　それは、いちおう、私たちが考えてるだけであって、日本の国民が、それを支持するかどうか。

今のところ、地震《じしん》のあとの土方《どかた》仕事とかは、（自衛隊の）支持率は九十パーセントだよ。九十パーセントを超《こ》えてるけども……。

小林　ただ、今回の尖閣《せんかく》の件で、世論《よろん》はかなり変わってきています。

森永公紀守護霊　まあ、そのへんの読みは難しいけど、十月になったら、コロッと変わって、沈静《ちんせい》化するかもしれないからさあ。

小林　しかし、習近平《しゅうきんぺい》氏が国家主席になれば、もっと強硬《きょうこう》になる可能性が高いですよ。

森永公紀守護霊　だけど、また平和になって、うまいことといくかもしれないからさ。（中国は）日本に対して「アメとムチ」を使い分けようとしてるように、見えなくはないよ。すごく強硬にやっといて、あとで、日本をものすごく持ち上げてみたり、両方しそうな感じが見えるんだけどな。

幸福実現党を報道するとＮＨＫより先見性があるように見える

饗庭　昨日《きのう》、習近平守護霊をお呼びしたところ、「世界を征服《せいふく》する恐《おそ》るべき計画」を語りました。このあと、『中国と習近平に未来はあるか』として発刊されるので、中国にのみ込まれないためにも、ぜひ、読んでくださいよ。

森永公紀守護霊　いやあ、日本の政治家で、そんなことを正直に言う人がいるわけがない。「それを言う」ということ自体が、だいたい嘘《うそ》なんだよ。

その反対が本心かもしれないから、それを、そのまま信じることはできないね。政治家が、そんなことを言ったら、すぐ……。

饗庭　ただ、中国がこれまでやってきたことを見れば、日本とアメリカの仲を割《さ》こうとしていることは明らかです。ＮＨＫさんも、「日米同盟が大事だ」と言いながら、ある意味で、日米同盟を割こうとされているではありませんか。
しかし、日本からアメリカ軍がいなくなったら、中国の人民解放軍がやって来て、日本は占領《せんりょう》されますよ。

森永公紀守護霊　君らは頑張《がんば》ったよ。原発のとこだって、オスプレイのとこだって、頑張ってるよ。みんな、報道しないために、どれだけ苦労してるか、分かってんのか。報道しないように頑張ってるのに、君らは、それをだいぶ覆《くつがえ》してきたからね。

饗庭　ぜひ報道してください。

森永公紀守護霊　報道しないで頑張ってるんだよ。もうちょっと筋肉がつくように、君らにトレーニングさせてるんだよ。

饗庭　鍛《きた》えてくださっていると？

森永公紀守護霊　鍛えてるんだよ。

小林　ということは、「幸福実現党を報道したい」という声は、下から、かなり来ているわけですね。

森永公紀守護霊　いやいや。報道したら、君らのほうが、先見性があるように見えるじゃないか。それは、われわれの面子《メンツ》が潰《つぶ》れるんだよ。

饗庭　癪《しゃく》に障《さわ》る？　悔《くや》しい？

森永公紀守護霊　われわれが、先に、「オスプレイを認めるべきだ」とか、「いや、脱《だつ》原発すると、日本の国民生活は危なくなります」とか言ったら、〝あれ〟なんだよね。

今回も、松下幸之助《まつしたこうのすけ》の霊言《れいげん》に、「ＮＨＫニュースで、『八パーセント、十パーセントの増税が決まった』と報道すると同時に、『これではまだ税収不足なので、十六パーセント必要です』と言った」とかいうのが載《の》せられて（『松下幸之助の未来経済リーディング』〔幸福の科学出版刊〕の「あとがき」にて）、ＮＨＫのなかは、蜂《はち》の巣をつついたような大騒《おおさわ》ぎなんだからな。

簡単な宣伝文句《もんく》一つでも、なかでは、「誰《だれ》の責任だ？」って、けっこう言われてるんだよ。「よく覚えてたなあ」「メモを取られたかあ」って言っててね。

確かに、あれは、軽率《けいそつ》な報道であったことは間違いない。国民にとって、税率を上げられるのは大変なことであるので、NHKが、進んで、「十六パーセントに上げるべきだ」なんていうことを、簡単に言っちゃいけない。

あれは、評論家を呼んで、言わさなきゃいけないことであって、自分で言っちゃいけないことだった。その隙《すき》を突《つ》かれたので、「大川隆法は鋭《するど》いなあ」「こいつはきついなあ」と思って、見てるよ。

4　NHKに「企業家精神《きぎょうか》」は不要なのか

巨大《きょだい》組織にいると、だんだん無能になっていく？

饗庭　先ほどから、高間はずっと怒《おこ》っておりますが、「みなさまのNHK」として、すべての日本人に対して開かれた、公平な放送さえしてくだされば、私たちも喜んで受信料も払《はら》いますし……。

森永公紀守護霊　いや、それは無理だよ。無理、無理、無理。
　彼（高間）を見たら、「NHKにいると、いかに仕事ができなくなるか」がよく分かるだろ？　これで、できるつもりでいるんだから、ほかのやつは、もっとできないんだよ。だから、いかに無能になっていくか、分かるだろ？　巨大《きょだい》組織は、みんな、そうなんだって。

高間　ＮＨＫの再建策があるんですよ。

森永公紀守護霊　ああ？　再建？　君に再建されるのか。それは大変だ。

高間　ＮＨＫのスローガンは、「みなさまのＮＨＫ」ですよね。これを、「神様のＮＨＫ」にすればいい。

森永公紀守護霊　アホなことを言うな。あ、そうか、神南《じんなん》（ＮＨＫの所在地）だからなあ。

高間　神なき正義というものはないのです。

森永公紀守護霊　君ねえ、それは、日本が世界の笑い者《もん》になるから、やめてくれよ。

高間　インドの国営放送は、大川総裁の講演をフルで生放送しているんですよ。

森永公紀守護霊　アメリカが、「モルモン教の何とか」って言い出したら考えるよ。「モルモン教のワシントン・ポスト」とか、「モルモン教のニューヨーク・タイムズ」とか言い出したら、ちょっと考えるけどさあ。

国際的視野を持たないＮＨＫに、今後、居場所はあるのか

小林　ぜひ、もう少し国際的視野を持っていただければと思うんですけれども。

森永公紀守護霊　いや、俺《おれ》にはない。ＮＨＫだからないんだよ。国営放送だからないんだよ。そんなマクロのことが、僕《ぼく》らに分かるわけないだろう。

小林　先ほど、饗庭のほうから、習近平《しゅうきんぺい》守護霊の霊言《れいげん》の話をしたら、「そんな、とんでもない話なんか、報道できるか」というように言われましたが、全然、とんでもなくはありません。

例えば、今、アメリカ政府は、今回の一連のイスラムの暴動について、「自然発生的なものである」と言って弁明していますが、フォックス・ニュースなどの欧米《おうべい》メディアは、「リビアの大統領が、『これは明らかに事前に計画され、計算されたものだ。絶対におかしい』と言っている」というニュースを報じているのです。

これは、昨日、習近平守護霊が言っていたことを裏づけるものです。

森永公紀守護霊　いやあ、それは悔《くや》しい。そういう、NHKにできないことを言うんじゃないよ。「日本語で仕事ができる」っていうのが、NHKなんだ。日本語で仕事ができなきゃいけないんだよ。

小林　今、語学の壁《かべ》がどんどん崩《くず》れて、CNNやBBCなど、海外の報道が日本に流れ込《こ》んできていますが、NHKは、今のままだと、だんだん居場所がなくなってしまいますよ。

森永公紀守護霊　大丈夫《だいじょうぶ》だよ。CNNやBBCは、日本人は聞いてもほとんど分からないから、今のところ大丈夫だ。

ただ、みんなの英語力が上がったら、ちょっとは危険になってくる。「あれ、違《ちが》うじゃないか」ということになるけど、今のところ、聞いても分からないから、大丈夫なんだ。インテリの一部しか聞いてないから、まあ、大丈夫だ。

NHKで密《ひそ》かに言われている「幸福の科学モルモット説」

森永公紀守護霊　まあ、その、何と言うかねえ。君ぃ、言いにくいことだが、私にも、一言《ひとこと》、言わせてもらおう。

最近、ソニー関係の人が（霊言で）出たんだろう？（注。本霊言収録の六日前〔九月十三日〕に、「井深大《いぶかまさる》『ソニーの心』――日本復活の条件――」と題して、ソニー創業者の霊言を収録した）　ちょっとは見てるんだよ。

それで、「ソニーモルモット説」っていうのがあるじゃないか。それと同じで、「幸福の科学モルモット説」っていうのがあるんだよ。

これが、今、NHKのなかで密《ひそ》かに言われている。ほかの朝日新聞とかも、みんな言ってる。「幸福の科学モルモット説」といって、幸福の科学に走らせて、実験させ、言わせるだけ言わせておいて、ニュースのマーケットが大きくなったところに参入する。みんな、これを言ってるんだよ。

最初に言うのは怖《こわ》いし、幸福の科学は怖いもの知らずだから、これに、まず噛《か》みつかせるわけだ。

小林　要するに、「二番手商法」をされているわけですね。

森永公紀守護霊　そうです。大手って、みんな、そうなんですよ。リスクのあることはしないんです。

幸福の科学は、リスクのあることに乗ってくるのが大好きだから、これを、昔のソニーみたいにモルモットにして、まず、マーケットをある程度つくるのを見る。そして、マーケットができたら、入っていく。「あそこ（幸福の科学）がすでに言っていることだから、構わないでしょ？」と言えば、批判を受けずに済む。

小林　時代が大きく変わっているので、もう少し企業家《きぎょうか》精神を発揮しないと、「存在意義なし」ということで、先行きはかなり厳しくなると思いますよ。

森永公紀守護霊　ＮＨＫには、企業家精神は要《い》りません。全然、要らない。全然、要らないんです。予算を超《こ》えなければいいんです。

小林　あなたのお考えは、だいたい、分かりました。

森永公紀守護霊　あのねえ、大川隆法っていう人は面白《おもしろ》いんだよ。モルモットなんだけど、意図してリスクを冒《おか》し、それを背負おうとする気《け》があるだろう？　これは、われわれにとって、実にいい〝あれ〟で、火星探索機《たんさくき》みたいな人なんだよ。

つまり、火星に送り込まれた探索機が、（山や谷を）上がり下がりしながら、どこにでも行くのと同じような感じなので、実に面白い。だから、われわれは、決して、マイナスに評価はしてませんよ。

火星なんか、めったに行けませんから、いろいろ探索していただきたいなあと思う。霊界《れいかい》であろうと、外国であろうと、守護霊であろうと、何でもいいから探索してくれて、リスクを取って、（その内容を）出してくれる。そして、みんなが、ある程度、知ったら、ちょっと、そこに入り込む。こういう雰囲気《ふんいき》をつくってくれたら、ものすごくいい仕事をしてると思うなあ。

「ＮＨＫがクリエイティブになる」というのはありえない？

饗庭　大川総裁が発されるメッセージに基《もと》づいて、これから、日本と世界は動いていきますから、ぜひ、注意深く見ていただきたいと思います。

森永公紀守護霊　われわれは、その日のことを、その日に伝えれば、使命を果たせて、百点なんです。

饗庭　しかし、それでは、いずれ、あなたたちは、自己保身さえ発揮できなくなりますよ。そのことを、よく知っておいてください。

森永公紀守護霊　来年のことは、何にも分からないんです。

饗庭　今日は、ＮＨＫの体質がよく分かりました。

森永公紀守護霊　われわれはクリエイティブではないんです。だから、「何か新しいことをつくり出して、こういうふうにしたい」っていう気持ちは全然ないんです。

そういうクリエイティブな会社もあるけど、それを取材して流すのが仕事であって、

「自分らがクリエイティブになる」っていうのは、ありえないことなんですよ。

饗庭　それがNHKの本質であることがよく分かりました。

森永公紀守護霊　でも、日本人の八割以上のメンタリティーが、こうなんです。

饗庭　しかし、「そのことによって、自分たちに災《わざわ》いが必ず降りかかってくる」ということは知っておいてください。

森永公紀守護霊　君（饗庭）みたいなのが日本人だと思ったら、間違いなんです。

饗庭　ええ、私は異質だと思いますけれども（笑）。

森永公紀守護霊　総合的な意見を大事にし、飛び出さないようにして、護送船団で行くのが、日本人なの！

坂本龍馬《さかもとりょうま》とかは、「何百隻《せき》も出たとき、どうするんだ?」なんて言ってたけど（注。九月八日収録の霊言で、龍馬は、「『（尖閣《せんかく》が中国の）何百隻の艦艇《かんてい》に囲まれ、全部、占領《せんりょう》されました』となったら、どうする?」と述べていた。『坂本龍馬 天下を斬《き》る!』

参照）、ああいうことを考えつかないんだよ。こちらは、「三隻ぐらいで追い返そう。向こうは何隻かぐらいで来るだろう」と思ってるからね。
だから、ああいう「大軍団で来る」っていうのを読めるのが、ちょっと嫌《いや》だねえ。

饗庭　ですから、これからは、ぜひ、幸福の科学や幸福実現党をしっかり取り上げていただきたいと思います。このままでは、ＮＨＫは駄目《だめ》になりますよ。

今、「大川隆法が大成《たいせい》するか」をじっと見ている

森永公紀守護霊　だからさあ、今、「大川隆法っていう人が、大成《たいせい》するのか、スピンアウトして失脚《しっきゃく》するのか」、そのへんを、ちょっと見てる。まあ、ずるいかもしらんけども、われわれにも保身はあるからさあ。
出てきて、すぐ消える人は、たくさんいるじゃないか。ホリエモンとか、それから、何？　ディーリングで儲《もう》けてた、おっさんがいたじゃないか。

小林　村上世彰《むらかみよしあき》氏ですか。

森永公紀守護霊　ああ、村上とかさあ、ああいう、バーッと出てきて消える人は、たくさんいるじゃないか。

饗庭　大川総裁は、幸福の科学創立以来、二十数年たっていますが、消えていませんよ。

森永公紀守護霊　そういうタイプの人かどうか。残って、大成していくかどうか。それを、じっーと見てるところがあるわけだよ。

今年、週刊誌が（幸福の科学を）たくさん攻撃《こうげき》してるでしょ？　週刊誌の攻撃に対して、どのくらい持ちこたえるか。これは、潜水艦《せんすいかん》に、爆雷《ばくらい》を落とされてるようなもんだからさ。

ただ、週刊誌に逆襲《ぎゃくしゅう》をかけているのを見て、「そうとう、しぶといな」っていうことは分かったし、「うちだって、（幸福の科学に）攻撃をかけたら、やられるんだろうな」っていうことが分かったけど、今回、攻撃もしてないのに、君らは〝攻撃〟をかけてきたから、これは、ひどいよ。

饗庭　いえいえ。お呼びしたのは、「黒幕」を教えていただこうと思っただけですから。

森永公紀守護霊　宣戦布告なしで、いきなり〝魚雷〟を撃《う》ってきた。しかも、二発も〝魚雷〟を発射した。

饗庭　できれば、仲良くしたいと思っています。

森永公紀守護霊　ええ？　われわれは、どうやって反論すればいいわけ？　公共放送では、反論できないじゃないか。個人として週刊誌に取材される以外に、方法がないだろうが。

小林　要するに、取材をさせていただいたわけです。だいたい、感じは分かりました。本日は、本当にありがとうございました。

饗庭　選挙前になりましたら、ご挨拶《あいさつ》に行きますので、これからも、よろしくお願いします。

「われわれは責任を取らないから企業家《きぎょうか》ではない」という主張

森永公紀守護霊　われわれは、日本人の代表なんだからね。総合的集合想念を代表してるんであって、個人に責任は一切《いっさい》ないいんだ。

小林　はい。その実態がよく分かりました。

森永公紀守護霊　で、ＮＨＫには、企業家《きぎょうか》精神はまったくないんだ。企業家を取材する精神はある。だけど、企業家精神はない。

企業家は、要するに、責任を取らなきゃいけない。しかし、われわれは責任を取らない。だから、企業家ではない。

だけど、企業家が、責任を持って、やろうとしてることについては、報道したければ、報道することはある。

だから、幸福の科学が、企業家として、新しいことをやろうとし、その責任を取ってくれるんなら、われわれには、それを報道する気持ちはある。

しかし、今のところ、政治に関しては、まだ、幸福の科学の代理人が戦ってるところであり、「幸福の科学寄りの人のほうに、ちょっとシフトするかどうかぐらいの判断までしか、まだ動かない」ということだよね。

饗庭　はい、分かりました。これからも、長いお付き合いをしていくので、よろしくお願いいします。

森永公紀守護霊　はい、はい。

大川隆法　（森永公紀守護霊に）はい、ありがとうございました。

5　もうすぐ「幸福の科学の時代」が来る

幸福の科学によって「保守系の活性化」が始まっている

大川隆法　まあまあ、"Don't mind"（気にしなくていいですよ）。

最初の人（石田研一守護霊）が言ったことは、ある程度当たっています。マスコミの源流は学問にあり、「分からないことがあれば学者に訊《き》きにいく」と言っています。もちろん、左翼《さよく》系のマスコミであれば左翼系の学者に訊き、保守系のマスコミであれば保守系の学者に訊くわけです。

学問の世界においても、マーケットをめぐっての思想戦はしていますが、当会が出ることによって、今、保守系の活性化が始まっていることは事実です。これは一種の巻き返しでしょう。

また、財務省によって沈《しず》められていた言論人たちが、今、続々と復活してきています。

今年、当会は、日銀や財務省、さらに首相などを攻撃《こうげき》してきましたが、今、「とうとうＮＨＫに手を出した」という状況《じょうきょう》でしょうか。

これは、マスコミから見たら、アンタッチャブルな部分なのです。新聞も、ＮＨＫも、日銀や財務省の批判などできません。ＮＨＫ批判もアンタッチャブルなものの一つでしょうが、そのアンタッチャブルに、当会は挑戦《ちょうせん》してきているのです。

要するに、情報の採《と》り上げ方に対するマスコミの功罪を考えたとき、ＮＨＫには、「責任を取れるほどの人がいない」ということでしょう。

現在のＮＨＫ放送総局長も報道局長も、ともに五十八歳《さい》なので、もう一期、人材が若返れば、当会との力関係も変わります。おそらく、もうすぐ変わるでしょう。

若い人たちには、もう少し聴《き》く気があるのではないかと思います。しかし、上が言うことをきいてくれないのでしょう。

日本の首相も、私とだいたい同年齢《ねんれい》の人が出てき始めたところであり、これからが面白《おもしろ》いかもしれません。

左翼《さよく》・宗教学・日銀・財務省・NHKに斬《き》り込《こ》んだ幸福の科学

大川隆法　当会は、マスコミの〝恩師〟たちも、言論的な意味で葬《ほうむ》っています。彼らにとっては、長年、神様のような存在だった丸山眞男《まるやままさお》も斬《き》りました（『日米安《あん》保《ぽ》クライシス』参照）。これをされたら、もう、どうしようもないでしょう。「丸山先生が言ったことだから」ということで、彼らが一種の信仰《しんこう》のように奉《ほう》じていた存在をバサッと斬ったわけです。当然、衝撃《しょうげき》が走ったことでしょうが、そのことに対し、彼らも、「どうしてよいか分からない」というのが正直なところだと思います。

さらに、宗教学までバッサリと斬りました。これも衝撃だったのではないでしょうか（『悲劇としての宗教学』〔幸福の科学出版刊〕参照）。当会に悪意ある攻撃を仕掛《しか》けてくる週刊誌を斬るのは当然のこととしても、報道機関だけにとどまらず、その知識の源流である学問まで斬っているのです。

そして、今、日銀・財務省・ＮＨＫと攻《せ》めてきているわけです。この怖《こわ》さはどこまでのものなのか。ただの蛮勇《ばんゆう》なのか、それとも、「腕《うで》に覚えあり」で、本当に斬れるのか。あくまでも一時的に活動して消えていくものにすぎないのか。あるいは、何かに撃《う》ち落とされて消えるものなのか。

彼らは、そのあたりを見極《みきわ》めたいと思っているのでしょう。

幸福の科学に〝洗脳〟され始めているマスコミ

大川隆法　今年、週刊誌が幸福の科学への攻撃をそうとう仕掛けてきていますが、それによって、当会がどのように対応するか、当会の〝体力〟はどの程度かを測っているのではないかと思います。

政治家の場合、「この程度の攻撃をすると、このようになる」ということが、ほぼ見えるため、それと同様に、当会の体力を見ようとしているのでしょう。

しかし、さまざまな攻撃を仕掛けても、教団内がまったく割れないのを見て、マスコミも、「そうとう強い宗教だ」と感じてはいるようです。

基本的に、言っていることが間違《まちが》っていれば、人が離《はな》れていくのも当然でしょうが、正しければ、離れていくほうがおかしいわけです。そのことについては、やはり、大きな目での判断は出るものです。

マスコミにとって、「幸福の科学は、実際上は、すでに、NHKよりも正しいことを言っている」ということになると困るのでしょうが、「オピニオンリーダー争いに入っている」、あるいは、「幸福の科学の対抗馬《たいこうば》はいない」と言うべきかもしれません。

以前、里村英一《さとむらえいいち》さん（幸福の科学専務理事・広報局担当）と対談した佐高信《さたかまこと》氏が、最近、ある週刊誌で、「ビートたけしは麻原某《あさはらなにがし》と同質だ」などと書いていましたが、早くも当会に〝洗脳〟され始めたようです。当会に接触《せっしょく》すると、影響《えいきょう》を受けるのです。これも、当会の見解に近いほうへ意識が変わりつつある証拠《しょうこ》でしょう。

当会の本を隠《かく》れて読んでいる人は大勢いるだろうと思われるので、百冊、二百冊と読むうちに、どこに書いてあったかは忘れても、内容は頭に入っていくのです。

例えば、二〇〇九年衆院選のときに、私たちは「国難」を訴《うった》えましたが、今では、世間《せけん》でも、この言葉が当たり前のように使われています。最近、石破茂《いしばしげる》氏（前自民党政調会長）が同名の本を出しました。

このように、当会は、少なくとも三年は世間をリードしているため、追いつけないのです。

ＮＨＫ前広場にＵＦＯが着陸したら報道できるか

大川隆法　今回の竹島《たけしま》・尖閣《せんかく》問題のように、一カ月か二カ月ほど先のことであれば、すぐに確認ができてよいのですが、期間が少し離れると、分からなくなります。さらに先のことまで言われると、もう、頭がクラクラしてしまうのでしょう。「宇宙人」の話など、まだ遠いでしょうね。

もし、ＮＨＫ前広場にＵＦＯが着陸したら、「これは報道できるかどうか」と、ＮＨＫ内部で議論することになると思います（会場笑）。彼らにとっては、「エイプリルフールのいたずらでした」ということで済ませたいところでしょう。

たとえ、ＵＦＯが目の前に停《と》まっていたとしても、おそらく、「報道できるかどうかは分からない」というほど難しい問題に見えるのではないでしょうか。要するに、マニュアルがないと、その対処について勇断《ゆうだん》を下せる人がいないのです。「どこかの局が報道し、他も追随《ついずい》し始めたので、うちもできる」という感じなのでしょう。

饗庭　つまり、「われわれ幸福実現党が切り拓《ひら》いていくしかない」ということですね。

大川隆法　そうですね。

政治家は、選挙に落ちるのが怖くて、みな、迎合《げいごう》していますが、「落ちても怖くない」という人には、なんだか凄《すご》みがあり、それなりの怖さがあります。

まあ、それでもよいのではありませんか。意外と流行《はや》るかもしれませんよ。「死んでも命がありますように」という世界が実現するように見えるかもしれませんのでね。

ＮＨＫが、「企画《きかく》」や「ベンチャー」的なもの、あるいは、「企業家」「責任」といったものから遠い世界にあることは分かりました。あえて珍《めずら》しい記事を取り上げることは、すごく怖いことなのでしょう。したがって、ＵＦＯの映像を捉《とら》えても流せないわけです。

もし、日本の巡視船《じゅんしせん》が魚雷《ぎょらい》で沈められるような事件が起きたとしても、相手が確定するまでは報道できないでしょう。以前、「北朝鮮《きたちょうせん》がミサイルを撃った」と分かっていても、「飛翔体《ひしょうたい》」と表現したように、「謎《なぞ》の爆発《ばくはつ》が起きて巡視船が沈んだ」というような表現になるはずです。

とにかく、「責任を取りたくない」という点では徹底《てってい》していますね。

「聖域なき戦い」をする幸福の科学に勝てるものはない

大川隆法　それでも、当会が発信を続けていけば、それなりの学習効果はあると思います。社会全体を教育するつもりで活動を続け、それが国民全体に広がっていけば、最終的には無視できなくなるでしょう。

やはり、戦艦《せんかん》や空母に向かって爆弾《ばくだん》を一発落としたぐらいでは、相手を沈めることはできません。しかし、キューン、キューンと、次々に爆撃機を急降下させ、爆弾を一発ずつ落としていくうちに、どこかで炎上《えんじょう》しますから、とにかく弾《たま》を撃ち続けなければいけません。ある程度、攻撃を続けるうちに沈んでいくことでしょう。

そのようなわけで、「当会にとって〝聖域〟はない」ということです。

こちらは、「神様の世界があることを証明しよう」と頑張《がんば》っているわけですから、これは、この世の他の勢力が、実際には勝てるはずのない戦いなのです。短期的には、この世的なルールが通じる部分はありますが、それを本来の姿に戻《もど》そうとしているわけです。したがって、活動を続けるしかありません。

結局、「支持者をどれだけ集めるか」が勝敗につながるという点では、ある程度、この世的なルールと同じであるといえます。

したがって、当会の信者だけでなく、一般《いっぱん》の人たちが「なぜ幸福実現党のことを報道しないのですか」と言い始める段階が、転換《てんかん》点、分岐《ぶんき》点になるでしょう。

私も、外出時にさまざまな人と会いますが、記事やニュースには出なくても、当会の活動については、かなりの人が知っています。言わば、「月光仮面」のようになっていますので、いずれはメジャーになるでしょう。

教団がメジャー化する段階では外部批判に耐《た》えるだけの体力が必要

大川隆法　ただ、当会がメジャーになったときには、教団としての体力が要《い》ります。野田首相も、就任前は攻撃されていませんでしたが、首相になってからは数多くの攻撃を受けています。鳩山《はとやま》氏も、首相になる前はとても人気があったのに、一年間でボロボロになりました。したがって、当会も、それだけの体力は付けておかないといけません。

今は、注目してもらおうとしても無視されている状態ですが、ある日、突然《とつぜん》、堰《せき》を切ったように、一斉《いっせい》に猛攻《もうこう》をかけられるときが来ます。その際に、それを受け止めつつも、言いたいことを押《お》し通せるかどうかが試《ため》されることになるでしょう。

当会は、過去、そのような危機を何度か通り越《こ》していますが、見る人はそれを見ていると思います。ある意味では、「人間力」が鍛《きた》えられているのかもしれません。

二〇〇九年衆院選で幸福実現党を報道しなかったマスコミの狙《ねら》い

大川隆法　二〇〇九年の衆院選のときには、当会の〝裸《はだか》の実力〟を「報道しないこと」によって測ろうとする、マスコミの意地悪い意図があったと思われます。「マスコミがまったく応援《おうえん》せず、教団信者だけの力で戦ったら、どの程度の実績を出せるのか」ということを見ていたように思われました。

結局、これが、「他の宗教が政党をつくれない理由」なのです。自ら政党をつくると、信者の実態が見えてしまうため、ほとんどの場合、陰《かげ》で応援するかたちになるのです。

そのようなわけで、マスコミが応援しなければ、教団内部の実態が見えるため、じっと見ていた面はあるでしょう。

ただ、「敵ばかりではなく、隠れた味方も増えている」と思われるので、いずれ、だんだんに顔を出してくるときが来るでしょう。今はまだ、「誰《だれ》かほかの人が応援しないかな」と、様子を見ている人も、当会を応援する人が増えてきたら、「実は、私も信じていた」「実は応援していたんだ」と、次々と名乗り出てくる時期は近づいていると思います。

すでに、私は、「習近平《しゅうきんぺい》との十年バトル」に突入していますが、マスコミで、それに突入しているところなど、どこにもありません。「二〇一〇年から二〇二〇年までの戦い」で勝負をつけるつもりで、ずいぶん前から取りかかっているのですが、そんなことをしているマスコミなど、まだ、どこにもありません。

マスコミは、習近平が国家主席になって初めて、彼についての報道をし始めるのでしょうが、事前に当会から情報を出しているため、すでにマスコミへの〝洗脳〟は始まっているわけです（笑）。

「言論の自由」を盾《たて》にした〝捏造《ねつぞう》体質〟を切り崩《くず》した幸福の科学

大川隆法　まあ、当会が、「あとから認められる」というかたちになるのも、しかたのないことでしょう。宗教には、時間に耐《た》えなければいけないところがあります。認められるまでに何百年も時間がかかる場合も、ないわけではありません。それでも、今は、昔よりも、ある程度、早く出てきてはいます。

例えば、当会が講談社の捏造《ねつぞう》記事に対する抗議活動を行った一九九一年ごろには、「宗教がマスコミと戦ってもいいのか」と言われたことがありました。

当時は、「『言論の自由』にこそ、最高の価値があり、それより上のものはないのだ」といった価値観が支配していました。それに対し、当会は公然と講談社に挑《いど》み、十年間戦って、結局、向こうにとっては、「何もいいことがない」という結論になりました。

一時は、「申告所得が二百億円、ネット（正味《しょうみ》）で百億円以上」の利益を上げていた会社が、赤字を経験するところまで落ち込《こ》み、何もいいことがありませんでした。

また、講談社に対し、裁判所が非常に厳しくなったことも驚《おどろ》きでした。他のマスコミについても、同じようなことが起きてきていると思います。

「日本を変えよう」という熱血漢が続々と幸福の科学に集《つど》ってくる

大川隆法　最近の龍馬《りょうま》の霊言《れいげん》（『坂本龍馬　天下を斬る！』参照）では、「創価学会《そうかがっかい》の信者が悪口を言った家にヘビの死体を投げ込む」などということが明かされていましたが、当会の地方の信者の家では、誰かにヘビの死体を投げ込まれたとしても、なかなか気がつかないそうですね（会場笑）。

実際に、「家の敷地《しきち》にヘビの死体があったが、自然に死んだものなのか、誰かに投げ込まれたものなのかが分からないため、放っておいたら、とうとう、イタチの死体が放り込まれた」という話を、ある人から聞きました。私の出身地である徳島県あたりでも、イタチを捕《つか》まえるのは、なかなか大変なことです。イタチの死体が投げ込まれ、ようやく、「誰かが意地悪をしているらしい」ということが分かったそうです。

まあ、若い人には、こんなところで、けっこう血がたぎってくるところがあるのかもしれませんが。

それはともかくとして、当会においては、活動が進めば進むほど、有能で有力な人が数多く出てくる予感がします。年齢が上の人たちには、一般企業から中途《ちゅうと》で転職してきた人が多く、前職で教わってきたことを全部は捨て切れない部分がありますが、これから次々と当会に来る人のなかには、「本当に日本を変えてやろう」と思って来るような熱血漢が多いかもしれませんね。

幸福の科学が「一番の敵」だと分かっている習近平《しゅうきんぺい》守護霊

大川隆法　習近平《しゅうきんぺい》氏の守護霊（『世界皇帝《こうてい》をめざす男』『中国と習近平に未来はあるか』参照）も、早くも幸福の科学のことを「一番の敵」と目《もく》し始めているようですが、うれしいことです。ある意味で、敵がいちばんよく知っているわけです。当会の実力を最もよく知っているようですね。

ＮＨＫのほうは、幸福の科学の建物を見て、「まだ小さい」などと言っているのに、海の向こうの人は、そんなものでは見ていません。なぜならば、「宗教から革命が起きる」ということをよく知っているからです。

香港《ホンコン》では、当会の思想が浸透《しんとう》し始めたことにより、中国本土の言うことをきかなくなりつつあります。そのことを中国政府も分かってきているようですので、今後が楽しみですね。

「アメリカ共和党の情報」は幸福実現党を抜《ぬ》きに語れない時代へ

大川隆法　（饗庭に）次は、アメリカ共和党も面白いことになりますね。もし、うまいことといくと、いいカードになるでしょう。

饗庭　そうですね。

大川隆法　これもいいカードになりますね。共和党に話をつなぎたい場合、「幸福実現党を介《かい》さなければできない」ということになれば、実に面白くなります。あなたは英語の勉強をしていますか？（会場笑）少しでもできれば、教団の力になりますよ。なるべくならば、直接に話ができれば言うことなしです。向こうから「オー、アエバ！」と連絡《れんらく》が入り、話がガンガンできればよいのですが、通じなければ、結局、ほかのマスコミと同じですからね。

日本のマスコミでは、アメリカの政治家と会話ができないため、取材能力もないのです。これは一つの壁《かべ》なので、ここを乗り越えられなければ、やはり難しいでしょう。もうすぐ「幸福の科学の時代」は来るかもしれませんが、それまでの間《あいだ》に〝艦隊〟を組むぐらいの力を付けなければいけません。

〝戦艦大和《やまと》〟の沖縄《おきなわ》行き作戦と同じで、「飛行機もなければ、空母も、駆逐艦《くちくかん》もなく、大和一隻《せき》だけ沖縄へ行き、陸に乗り上げて砲台《ほうだい》になる」などという作戦では無理です。したがって、〝艦隊〟をつくらなければなりません。

「リスクを取って結論を断言する強さ」が必要

大川隆法　（高間に）今日のＮＨＫについては、予想したとおりでしたか。予想よりはかっこよかったですか。どうですか。

高間　予想どおりです。

大川隆法　予想どおりですね。

高間　私は、ＮＨＫを辞《や》め、宗教の世界に入って初めて、「愛とは責任であり、愛とは勇気である」ということを教えていただきました。ＮＨＫの問題は、「神への愛」「神からの愛」がないということが根本原因であると思います。

大川隆法　そうですね。彼らが当会に取材に来ると、非常にリスクを負った発言をしているために、それを報道することが怖いのでしょうね。

高間　彼らは腰抜《こしぬ》けだと思います（会場笑）。

大川隆法　うん、うん。

一九九一年に、東大の五月祭《ごがつ》で「黎明《れいめい》の時代」という演題で野外説法《せっぽう》をしたときのことを思い出します。ある民放局が聴衆《ちょうしゅう》の東大生たちに「どう思いますか」と訊いたところ、「大川隆法はすごい。結論を断言している。リスクを取っているなあ」と、彼らが答えていたのを覚えています。

このように、学生であっても、分かる人には分かるのですが、「卒業したら分からなくなる」ということでは困りますね。やはり、「結論を出す」ということは、「リスクを取る」ということなのです。

為替《かわせ》の世界においては、先行きが不透明《ふとうめい》になることを、「ボックス相場に入った」などと言うことがありますが、「この範囲《はんい》内で相場が動くでしょう」といった説明は、結局、「分からない」と言っていることと同じなのです。しかし、それでは駄目《だめ》なのであって、やはり、はっきりと言わなければならないのです。

ＮＨＫの体質をイノベーションするのは簡単ではない

大川隆法　とにかく、今日は勉強にはなりました。

この内容に対し、今後、ＮＨＫからも、何らかのアクションは出てくるでしょう。

次回の選挙のときに、立木《ついき》さん（幸福実現党党首）の顔が画面に映れば成功ですね（会場笑）。「立木党首がこぶしを振《ふ》り上げて演説しているところが、とうとうテレビに映った。今までは、雪の日も歩いて挨拶《あいさつ》回りをして頑張っていても、テレビにまったく映されなくて、かわいそうにと話していたが、とうとう出てきた」となるかどうかですね。

まあ、この内容を発表しても何もしないようであれば、したくなるように、別の手を考えましょう。

（饗庭に）次は、あなたが渋谷《しぶや》区神南《じんなん》（ＮＨＫ放送センター）で何か演技をしなければいけなくなります。「清盛《きよもり》、見参《けんざん》！　大河ドラマで『平清盛《たいらのきよもり》』を放映しても、私は何ももらっていないのですが」などと言うなりしてこなければいけないかもしれませんね（会場笑）（注。二〇一二年一月収録「平清盛の霊言」で、質問者の過去世《かこぜ》であることが明かされている）。

まあ、ＮＨＫについては、たとえ内部で人が入れ替《か》わったとしても、体質そのものはあまり変わらないでしょう。

高間　「自分が傷つかない」という原理だけは、誰に替わっても同じでしょうね。

大川隆法　おそらく、危ない取材は、子会社や外部業者などに外注したりするのでしょう？　失敗したら、左遷《させん》されることがありますからね。

以前、紅白歌合戦のときに、司会のアナウンサーが、ある歌手の名前を美空《みそら》ひばりさんと間違えたことがありましたが、その後、大阪《おおさか》局へ異動になり、結局、辞めたようです。ＮＨＫにはこういうことがありますからねえ。

失言や言い間違いの責任を取らされるところなどは、ある意味、〝役所〟と同じです。それだけ、固い人が集まっているのでしょうが、これをイノベーションすることは簡単ではありませんね。

しかし、いずれ、幸福実現党の特集をしたくなる時期が来るかもしれません。先ほど、石田氏の守護霊は、「支持率五パーセントを取れ」と言っていましたが、そのあたりが基準だと思っているようです。まあ、頑張りましょう。おそらく、公明党が五、六パーセントの票を取れるときがあるので、そのあたりを基準にしているのでしょう。

それでは、以上とします。

あとがき

　宗教への偏見を糺《ただ》すことなく、この国の自虐史観《じぎゃくしかん》を修正し、軍事独裁の超大国の侵略から国民を護《まも》ることはできないと考える。

　今、目の前にある危機を解読《かいどく》できないとしたら、唯一の国営放送としての罪は、あまりにも大きいと言わざるを得ない。今回、NHK放送総局長の石田氏と報道局長の森永氏の守護霊インタヴューを、あえて敢行《かんこう》した。個人的には、両者とは面識もしがらみもない。この内容をクレージーと思うか、本当であると思うか。私は、本の年間発行点数でギネス・ワールドレコードを持ち、二十数カ国語に訳された多数の本は、全世界で億万の民に読まれている。諸外国で私の英語説法は、国営放送や民放で生中継され、日本を代表する宗教家として広く紹介されている。つくづくこの国は、社会主義的無宗教国家だと感じる。もう「ＧＨＱ」はいないのだ。いいかげんに目を覚ましてはどうか。

二〇一二年　九月二十一日

世界教師《ワールド・ティーチャー》　大川隆法《おおかわりゅうほう》

『NHKはなぜ幸福実現党の報道をしないのか』大川隆法著作関連書籍

『朝日新聞はまだ反日か』（幸福の科学出版刊）
『今上天皇・元首の本心 守護霊メッセージ』（同右）
『皇室の未来を祈って』（同右）
『大江健三郎に「脱原発」の核心を問う』（同右）
『日米安保クライシス』（同右）
『核か、反核か』（同右）
『朝の来ない夜はない』（同右）
『松下幸之助の未来経済リーディング』（同右）
『悲劇としての宗教学』（同右）
『世界皇帝をめざす男』（幸福実現党刊）
『中国と習近平に未来はあるか』（同右）
『坂本龍馬 天下を斬る！』（同右）

NHKはなぜ幸福実現党《こうふくじつげんとう》の報道《ほうどう》をしないのか

――受信料が取れない国営放送の偏向――

2012年9月27日　初版第1刷

著　者　　大《おお》川《かわ》隆《りゅう》法《ほう》

発行所　　幸福の科学出版株式会社

〒107-0052 東京都港区赤坂2丁目10番14号

TEL(03)5573-7700

http://www.irhpress.co.jp/

印刷・製本　株式会社 堀内印刷所

落丁・乱丁本はおとりかえいたします

ISBN978-4-86395-252-2 C0030

Photo: 時事

大川隆法ベストセラーズ・国難を打破する

国を守る宗教の力

この国に正論と正義を

３年前から国防と経済の危機を警告してきた国師が、迷走する国難日本を一喝！　日本を復活させる正論を訴える。

【幸福実現党刊】

1,500円

この国を守り抜け

中国の民主化と日本の使命

平和を守りたいなら、正義を貫き、国防を固めよ。混迷する国家の舵取りを正し、国難を打破する対処法は、ここにある。

【幸福実現党刊】

1,600円

平和への決断

国防なくして繁栄なし

軍備拡張を続ける中国。財政赤字に苦しみ、アジアから引いていくアメリカ。世界の潮流が変わる今、日本人が「決断」すべきこととは。

【幸福実現党刊】

1,500円

※表示価格は本体価格（税別）です。

大川隆法ベストセラーズ・反核平和運動を検証する

アインシュタインの警告
反原発は正しいか

原発力の父が語る反原発運動の危険性と原発の必要性——。感情論で暴走する反原発運動に、アインシュタイン博士が警鐘を鳴らす。

1,400円

核か、反核か
社会学者・清水幾太郎の霊言

左翼勢力の幻想に、日本国民はいつまで騙されるのか？ 左翼から保守へと立場を変えた清水幾太郎が、反核運動の危険性を分析する。

1,400円

大江健三郎に「脱原発」の核心を問う
守護霊インタビュー

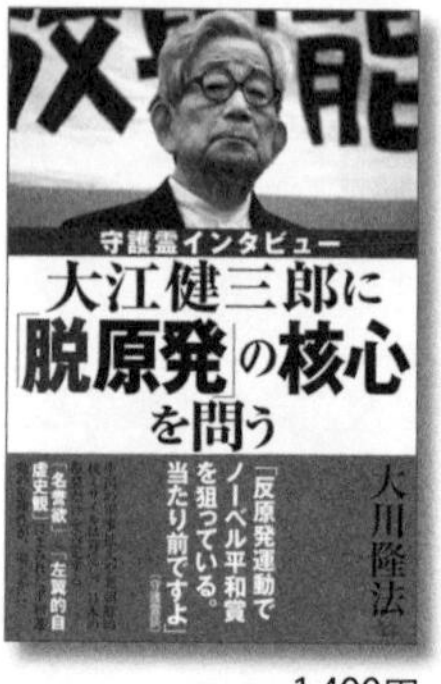

左翼思想と自虐史観に染まった自称「平和運動家」の矛盾が明らかに！ 大江氏の反日主義の思想の実態が明らかになる。

1,400円

※表示価格は本体価格（税別）です。

幸福の科学グループのご案内

宗教、教育、政治、出版などの活動を通じて、地球的ユートピアの実現を目指しています。

宗教法人　幸福の科学

一九八六年に立宗。一九九一年に宗教法人格を取得。信仰の対象は、地球系霊団の最高大霊、主エル・カンターレ。世界百カ国に迫る国々に信者を持ち、全人類救済という尊い使命のもと、信者は、「愛」と「悟り」と「ユートピア建設」の教えの実践、伝道に励んでいます。

（二〇一二年九月現在）

公式サイト
http://www.happy-science.jp/

愛

幸福の科学の「愛」とは、与える愛です。これは、仏教の慈悲《じひ》や布施《ふせ》の精神と同じことです。信者は、仏法真理をお伝えすることを通して、多くの方に幸福な人生を送っていただくための活動に励んでいます。

悟り

「悟り」とは、自らが仏の子であることを知るということです。教学《きょうがく》や精神統一によって心を磨き、智慧《ちえ》を得て悩みを解決すると共に、天使・菩薩《ぼさつ》の境地を目指し、より多くの人を救える力を身につけていきます。

ユートピア建設

私たち人間は、地上に理想世界を建設するという尊い使命を持って生まれてきています。社会の悪を押しとどめ、善を推し進めるために、信者はさまざまな活動に積極的に参加しています。

国内外の世界で貧困や災害、心の病で苦しんでいる人々に対しては、現地メンバーや支援団体と連携して、物心両面に渡り、あらゆる手段で手を差し伸べています。

年間3万人を超える自殺者を減らすため、全国各地で街頭キャンペーンを展開しています。

公式サイト
http://www.withyou-hs.net/

ヘレン・ケラーを理想として活動する、ハンディキャップを持つ方とボランティアの会です。視聴覚障害者、肢体不自由な方々に仏法真理を学んでいただくための、さまざまなサポートをしています。

公式サイト
http://www.helen-hs.net/

INFORMATION

お近くの精舎・支部・拠点など、お問い合わせは、こちらまで！

幸福の科学サービスセンター

TEL. 03-5793-1727 (受付時間 火〜金：10〜20時／土・日：10〜18時)

幸福の科学グループサイト http://www.hs-group.org/

教育

学校法人 幸福の科学学園

幸福の科学学園中学校・高等学校は、幸福の科学の教育理念のもとにつくられた学校です。人間にとって最も大切な宗教教育の導入を通じて精神性を高めながら、ユートピア建設に貢献する人材輩出を目指しています。

幸福の科学学園
中学校・高等学校（男女共学・全寮制）
2010年4月開校・栃木県那須郡

TEL **0287-75-7777**
公式サイト
http://www.happy-science.ac.jp/

関西校（2013年4月開校予定・滋賀県）
幸福の科学大学（2015年開学予定）

仏法真理塾「サクセスNo.1」

小・中・高校生が、信仰教育を基礎にしながら、「勉強も『心の修行』」と考えて学んでいます。

TEL **03-5750-0747**（東京本校）

心の面からのアプローチを重視して、不登校の子供たちを支援しています。また、障害児支援の「**ユー・アー・エンゼル!**」運動も行っています。

不登校児支援スクール「ネバー・マインド」

幼少時からの心の教育を大切にして、信仰をベースにした幼児教育を行っています。

エンゼルプランV

学校からのいじめ追放を目指し、さまざまな社会提言をしています。また、各地でのシンポジウムや学校への啓発ポスター掲示等に取り組むNPO「いじめから子供を守ろう！ネットワーク」を支援しています。

公式サイト **http://mamoro.org/**

ブログ **http://mamoro.blog86.fc2.com/**

相談窓口 **TEL.03-5719-2170**

政治

幸福実現党

内憂外患《ないゆうがいかん》の国難に立ち向かうべく、二〇〇九年五月に幸福実現党を立党しました。創立者である大川隆法党名誉総裁の精神的指導のもと、宗教だけでは解決できない問題に取り組み、幸福を具体化するための力になっています。

党員の機関紙「幸福実現News」

TEL 03-6441-0754
公式サイト
http://www.hr-party.jp/

出版メディア事業

幸福の科学出版

大川隆法総裁の仏法真理の書を中心に、ビジネス、自己啓発、小説など、さまざまなジャンルの書籍・雑誌を出版しています。他にも、映画事業、文学・学術発展のための振興事業、テレビ・ラジオ番組の提供など、幸福の科学文化を広げる事業を行っています。

TEL 03-5573-7700
公式サイト
http://www.irhpress.co.jp/

入会のご案内

あなたも、幸福の科学に集い、
ほんとうの幸福を
見つけてみませんか？

幸福の科学では、大川隆法総裁が説く仏法真理をもとに、
「どうすれば幸福になれるのか、また、
他の人を幸福にできるのか」を学び、実践しています。

入会

大川隆法総裁の教えを学ぼうとする方なら、どなたでも入会できます。入会された方には、『入会版「正心法語」』が授与されます。（入会の奉納は1,000円目安です）

ネットでも**入会**できます。詳しくは、下記URLへ。

三帰《さんき》誓願《せいがん》

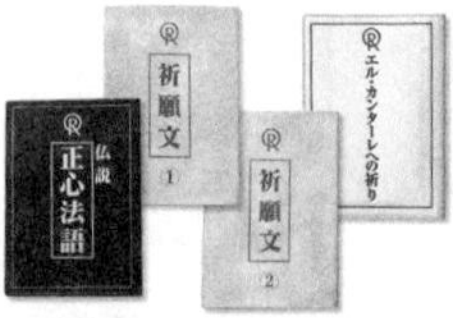

仏弟子としてさらに信仰を深めたい方は、仏・法・僧の三宝への帰依を誓う「三帰誓願式」を受けることができます。三帰誓願者には、『仏説・正心法語』『祈願文①』『祈願文②』『エル・カンターレへの祈り』が授与されます。

植福《しょくふく》の会

植福は、ユートピア建設のために、自分の富を差し出す尊い布施の行為です。布施の機会として、毎月1口1,000円からお申込みいただける、「植福の会」がございます。

「植福の会」に参加された方のうちご希望の方には、幸福の科学の小冊子（毎月1回）をお送りいたします。詳しくは、下記の電話番号までお問い合わせください。

月刊「幸福の科学」

ザ・伝道

ヤング・ブッダ

ヘルメス・エンゼルズ

INFORMATION	幸福の科学サービスセンター TEL. 03-5793-1727（受付時間 火〜金：10〜20時／土・日：10〜18時） 宗教法人 幸福の科学 公式サイト http://www.happy-science.jp/